# CAMPAGNE D'UN VOLONTAIRE

### SUR LA LOIRE ET DANS L'EST

PARIS. - - IMP. SIMON RAÇON ET COMP., RUE D'ERFURTH, 1.

# CAMPAGNE

# D'UN VOLONTAIRE

## SUR LA LOIRE ET DANS L'EST

PAR

## LE V<sup>te</sup> PH. D'USSEL

CAPITAINE D'ÉTAT-MAJOR AUXILIAIRE A L'ÉTAT-MAJOR GÉNÉRAL
DU DIX-HUITIÈME CORPS D'ARMÉE.

## PARIS

CHARLES DOUNIOL ET C<sup>ie</sup>, LIBRAIRES-ÉDITEURS

29, RUE DE TOURNON, 29

—

1871

# CAMPAGNE

# SUR LA LOIRE ET DANS L'EST

## PAR UN VOLONTAIRE

I

Depuis le 4 septembre jusqu'au 28 janvier, la France a été un vaste champ de batailles, de ruines et d'expériences. Le gouvernement a commis des fautes et le pays a eu des défaillances. Une fatalité accablante, pesant visiblement sur nous, a achevé de mettre le comble à nos désastres.

Nous ne voulons accuser ici personne inutilement, ni surtout refuser justice à ceux qui, dans des circonstances difficiles, ont tenu dans leurs mains le gouvernail des affaires publiques. Nous pensons que leur dévouement à leur mission a été entier, bien que souvent il ait été aveugle. Définissons seulement, pour la cause de la vérité et le profit de tous, les erreurs politiques et morales qui ont caractérisé cette période, tristement instructive, dominé l'esprit des chefs et de la multitude, dirigé l'activité des uns, motivé l'inertie des autres, et sont peut-être, en définitive, les raisons profondes et véritables de nos défaites.

Un gouvernement, né d'une révolution populaire, voulut tout

d'abord appliquer à l'organisation des armées les théories du parti radical, si chères alors à la plupart des républicains de l'époque. C'était une erreur capitale, dont les gouvernants de cette période sont, sans doute, aujourd'hui revenus d'eux-mêmes.

L'armée avait déjà, sous l'empire, subi un commencement de désorganisation. La droite et la gauche de l'Assemblée avaient, depuis longtemps, au nom de principes différents, concouru à produire ce funeste résultat. Sous l'influence des idées de la droite, la discipline s'était relâchée, et le service militaire n'avait pas été généralisé. Pour en faire des électeurs dociles, et de fidèles appuis de la dynastie, on avait ménagé le soldat, en fermant les yeux sur ses fautes, et le bourgeois, en ne l'obligeant pas à devenir soldat. D'un autre côté, la gauche avait bien plus dangereusement encore travaillé à ruiner en France l'esprit militaire, en faisant briller à nos yeux l'image d'une paix universelle désormais certaine. Elle avait peu à peu affaibli, chez le soldat, le sentiment de la discipline, sous prétexte de relever sa dignité de citoyen : elle avait enseigné assez haut que l'enthousiasme, fruit du patriotisme, suffisait pour créer et faire mouvoir une armée.

Un jour, les hommes professant ces doctrines vinrent s'offrir à prendre en main le gouvernement de la France, à la suite d'une révolution qui en fit des dictateurs. En examinant cette révolution à un point de vue philosophique et abstrait, nous sommes forcés d'y reconnaître une évolution politique du pouvoir passant d'un côté à l'autre d'une Assemblée. La droite avait échoué, avec ses moyens, ses ministres, ses armées. Elle s'était reconnue impuissante. Ses hommes même avaient fui ou disparu, écrasés par la responsabilité des malheurs que la déclaration de guerre nous avait attirés. Les chefs de la gauche se sont emparés du pouvoir. Ils sont venus au chevet de ce malade abandonné, qui était la Patrie, essayer de leurs propres remèdes. Contre les armées disciplinées de l'Allemagne, la droite avait envoyé des soldats de profession, inspirés par les vieilles idées militaires. Ils furent battus, parce qu'ils étaient trop peu nombreux, mal organisés et mal engagés. Toutefois elle avait opposé des semblables aux semblables. La gauche pensait réussir en recourant au traitement par les contraires.

La situation était-elle désespérée après la défaite de Sedan, et au moment où commençait le siège de Paris? A aucun point de vue elle ne paraît avoir été désespérée, tant que Metz a résisté et que le pays a conservé l'espoir de voir sortir victorieuse l'armée qui se défendait autour de cette place. Après la reddition de Metz et de l'armée, elle est devenue assez gravement compromise pour qu'il fallût désormais n'espérer le salut que des chances de la fortune, des fautes de nos ennemis, ou d'une très-grande supériorité de manœuvres de notre côté. Mais jamais, même après la capitulation de Metz, elle n'a paru critique aux radicaux, tant les ressources apparentes de la France étaient considérables en hommes et en argent. En dehors de sa petite armée permanente, alors captive, ne restait-il pas au pays, pour se défendre, sa population si nombreuse et si vaillante, son énergie si vantée, le secours puissant de son active et féconde industrie? Un mois ne suffisait-il pas pour transformer des Français en soldats, avec l'aide du patriotisme en face du danger? Profondément pénétrés de cette conviction, et confiants en eux-mêmes, plusieurs, dans le gouvernement, pouvaient être tentés de se voter des félicitations, comme fit jadis le sénat romain au vaincu de Cannes, pour ne point avoir désespéré du salut de la patrie.

Les hommes qui arrivaient ainsi au pouvoir étaient-ils bien ceux que réclamaient les circonstances? je ne le crois pas. Ces orateurs éminents, qui depuis dix-huit ans avaient soutenu avec tant d'éclat, à la tribune, les principes libéraux si constamment écartés en pratique par le gouvernement impérial, n'avaient jamais encore, pour la plupart, dirigé par eux-mêmes aucun service, gouverné, même en temps de paix, un simple département ministériel, ou commandé à des hommes. Beaucoup d'entre eux n'étaient même pas des écrivains, c'est-à-dire des penseurs habitués à la méditation de leurs propres idées et à la longue responsabilité de leurs propres écrits. C'étaient surtout des hommes de parole, maîtres en cet art merveilleux, mais encore sans expérience pratique, et qui avaient le malheur de débuter dans le gouvernement au milieu des circonstances les plus difficiles de l'histoire et au sein de la crise la plus terrible que leur pays ait traversée. Paris, du reste, les avait jadis nommés pour l'opposition et non pour le pouvoir, pour la discussion et non pour la responsabilité.

Or la situation réclamait des hommes de guerre plutôt que des orateurs ; les plus éloquentes proclamations étaient impuissantes à faire
tomber les armes des mains du roi de Prusse.

Je ne parlerai point de Paris, dont nous étions isolés. En province,
nous cûmes M. Gambetta : je ne mentionne seulement pas ses deux
pâles et caducs acolytes. Ce jeune ministre avait brillé d'un vif éclat
à la tribune : il était entreprenant, enthousiaste, énergique ; il allait
exercer un pouvoir sans limite et sans conteste, disposer en maître
du sang et de l'argent de la France. Avant que sa dictature n'ait fini
par un coupable attentat contre la liberté électorale, elle a excité de
vives sympathies et réveillé de patriotiques espérances. La lutte à
outrance a été son programme. La difficulté en a alarmé les hommes
pratiques, mais la noblesse en a séduit bien des esprits élevés. Beaucoup ont entrevu Sedan vengé, l'ennemi vaincu, l'Alsace reconquise,
la patrie délivrée et agrandie. Aussi, malgré son impuissance et nos
revers, ce gouvernement s'est-il érigé jusqu'au dernier jour en soutien
tenace de tous les projets de résistance et en refuge de tous les rêves de
victoire. Malheureusement, pour une lutte à outrance, il ne suffit pas
que le cri de guerre parte du cabinet d'un ministre ; il doit éclater partout à la fois, aux armées et dans les provinces, sous les tentes, dans
les bivacs, dans les ateliers des villes et sous le chaume du laboureur.

L'opinion publique a accusé M. Gambetta d'avoir été la cause de
la durée de la guerre. D'après la manière dont elle a fini, il paraît
regrettable qu'elle se soit continuée. Il y a bien eu dans la faveur
unanime qui accueillait alors les projets de défense, dans la répu-
gnance à accepter la défaite, dans les efforts et les sacrifices de plusieurs, une manifestation et une preuve de forte vitalité nationale ;
mais cette expression était plutôt celle d'un sentiment que d'une
résolution, et, en définitive, l'honneur national n'a pas beaucoup
gagné à la prolongation de cette lutte dont le pays et les finances ont
beaucoup souffert. M. Gambetta n'en est pas seul responsable. Avec
beaucoup de Français, il croyait au succès, jugeait la France plus
ardente et plus capable de résistance qu'elle n'a prouvé l'être, se fiait
à la fortune, et avait foi dans notre vieille réputation d'héroïsme.
D'ailleurs, Paris résistait et voulait résister. Aucune voix, aucune
éloquence n'aurait pu persuader aux Parisiens qu'ils n'étaient pas

invincibles. Cette ville était décidée à donner quand même un grand exemple de patience et de patriotisme. Paris se défendant, la province devait se lever pour défendre sa capitale, et la guerre ne pouvait que suivre naturellement son cours.

La levée en masse, spontanée, confuse, enthousiaste, devint le programme du moment. Les proclamations chaleureuses du ministre, paraphrasées par les préfets, appelaient les citoyens à prendre aussitôt les armes. Les citoyens qui n'ignoraient pas le triste état des arsenaux lisaient avec scepticisme ces stériles déclamations, et n'y voyaient de précis que l'annonce d'une situation dont la gravité empirait sans cesse. Un peuple ne se transforme pas au vent de la parole d'un orateur, quelque éloquent qu'il puisse être. On ne le soulève pas avec des proclamations. Elles sont tout au plus l'étincelle qui peut mettre le feu à la mine, quand la mine est chargée ; mais elles ne créent ni l'enthousiasme ni le dévouement. Les moines du moyen âge auraient en vain prêché la croisade, si la société de leur temps n'avait pas été déjà aventureuse et guerrière, élevée dans le mépris de la mort, ardente dans sa foi religieuse et éprise de la gloire des armes, ils auraient parlé dans le vide, et aucun homme ne se serait levé pour aller en Terre sainte.

Le gouvernement, à défaut de foi religieuse, avait pris pour base de ses appels aux armes la défense de la République, afin d'obtenir de l'idée politique les grands résultats qui se rattachaient au souvenir de la première révolution. Je dois dire qu'à mon sens l'idée politique a beaucoup trop inspiré les actes et les écrits du gouvernement. Quand elle existe déjà profondément enracinée dans l'esprit d'un peuple, quand elle est devenue une foi véritable, et de plus, quand elle est directement attaquée dans son principe par l'ennemi qu'il faut combattre, elle devient assurément un puissant moyen d'enthousiasme. Mais alors en était-il ainsi ?

La France est un pays changeant et mobile. Tout y arrive, mais rien n'y demeure. Il revient de tout, mais il revient à tout. Républicains sous la Convention, les Français sont devenus monarchistes sous l'empire. Depuis, nous avons trois ou quatre fois établi des constitutions, érigé ou restauré des trônes. Nos mains se sont serrées autour de ces institutions, notre œuvre, et nous leur avons sincèrement promis une éternelle fidélité. Elles ont duré vingt ans, et nous ne nous sommes attachés à rien. Dire ce que nous voulons définitivement paraît difficile. L'histoire peut seulement constater ce que la France a voulu à un moment donné.

Or, au lendemain du 4 septembre, la France n'était certainement pas républicaine. Le récent plébiscite l'avait montré. La perspective de combattre et de mourir précisément pour la République, expressions que les proclamations ministérielles répétaient avec une maladroite persistance, n'avait rien de très-attractif pour les populations aisées ou travailleuses des campagnes, qui forment, en définitive, la grande masse où se recrutent les soldats et les officiers d'une armée nationale.

L'œuvre de la défense une fois entreprise, il fallait ou l'arrêter dans son cours, si les chances paraissaient trop mauvaises, ou la poursuivre, mais en ne la gênant pas. La situation exigeait donc, vu l'état des esprits, un abandon complet de toute arrière-pensée politique. Les grandes douleurs nationales et l'appel aux grands sacrifices ne peuvent et ne doivent laisser place à d'autres sentiments. La formule vague « Honneur et Patrie, » qui est la devise des militaires, est aussi la seule qui, dans un pays divisé par les partis, puisse servir de cri de ralliement aux hommes de diverses croyances en présence d'une invasion. Loin de là, le gouvernement, tout en professant publiquement cette abnégation de l'idée politique, en s'intitulant simplement « gouvernement de la Défense nationale, » en faisant appel à l'union de tous, en acceptant sous les drapeaux et dans les rangs de l'armée les opinions de toutes nuances, même enrôlées dans des groupes constitués, affichait dans la direction civile des départements toutes les allures et les prétentions d'un parti arrivant au pouvoir. Le mot république ou chose publique ne paraissait pas signifier pour lui la France, mais la France incarnée dans une forme spéciale de gouvernement. On voyait des préfets vouloir empêcher les gardes mobiles de crier en partant : « Vive la France ! » cri devenu, à un moment, presque séditieux. On avait mis à la tête des affaires, dans bien des villes, les hommes les moins capables, je ne dis pas de faire eux-mêmes au besoin la guerre, mais même d'en représenter et d'en populariser l'idée. Il était navrant de voir certains préfets de la Défense nationale, naïvement confiants dans le résultat pourtant si douteux des opérations militaires, paraître complétement désintéressés de la guerre étrangère, et sembler absorbés par la pensée unique de fonder la république. Le gouvernement de Tours peut, avec raison, reprocher à la France d'être restée froide au contact de l'envahisseur, et de n'avoir pas suffisamment compris, alors qu'il en était peut-être encore temps, l'étendue de ses revers et le degré de son humiliation. Mais la France peut, avec non moins de raison, reprocher à son gouvernement de lui avoir le premier donné, par la conduite et l'attitude de plusieurs de ses délégués, l'exemple de la plus triste indifférence au seul grand et véritable danger du moment. Ce travail latent de fondation politique, exécuté derrière les armées par des agents plus passionnés que perspicaces, a eu pour résultat de disposer assez mal le pays rural à la confiance envers les chefs qui s'étaient mis à sa tête, et a certainement peu servi la cause de la Défense nationale.

Les levées en masse n'étaient pourtant pas nouvelles dans l'histoire des peuples et dans la nôtre en particulier. En 1792, à la menace d'une invasion, le pays avait couru aux armes, et des levées de volontaires qui par elles-mêmes n'avaient rien valu, incorporées plus tard dans les cadres de l'ancienne armée restée au service de la République, avaient produit des troupes excellentes[1]. C'est que en 1792, les éducations et les mœurs étaient différentes, et le peuple se soulevait pour défendre un ordre social qu'il venait de créer et auquel il attachait ses intérêts les plus chers. Mais la réforme pour laquelle il avait combattu jadis est depuis longtemps achevée. Il n'y a plus à y ajouter que des perfectionnements ou des développements de détail pour lesquels on discute, mais pour lesquels on ne meurt plus. D'ailleurs, loin d'imiter le duc de Brunswick du siècle dernier, le roi de Prusse de 1870 demandait seulement des milliards et des provinces, et se souciait peu de notre régime politique.

L'élection des officiers par les troupes, mesure qui forme la base d'une organisation militaire suivant les idées radicales, reçut aussi

[1] Voir l'ouvrage intitulé : *Les Volontaires* 1791-1794, par M. Camille Rousset, archiviste au ministère de la guerre.

un commencement d'exécution. Son principe est qu'une troupe doit nécessairement renfermer dans son sein tous les éléments de capacité et de bravoure nécessaires pour la commander. Le discernement est confié aux soldats, et doit être manifesté par leur suffrage. Tout est faux évidemment dans ce raisonnement. Les éléments en question peuvent ne pas exister dans une troupe et abonder dans la troupe voisine, et les soldats surtout sont peu propres à les apprécier. Sur le champ de bataille, le soir d'une action, pendant que l'émotion dure encore et que les prétentions se taisent, l'instinct du soldat pourra peut-être lui donner de saines inspirations. Mais, en dehors de ce cas, il choisira toujours celui qui saura le séduire ou promettra de le ménager, et non celui dont la main ferme devra le maintenir dans la route souvent pénible de l'obéissance. La garde mobile servit de champ d'expérience à cette utopie. Toutefois dans plusieurs bataillons, les chefs ayant offert leur démission si les officiers de leurs compagnies devaient être choisis par les hommes, on avait retiré la mesure. Il en est résulté que certains bataillons ont été commandés par des officiers élus, et d'autres par des officiers nommés par le pouvoir. Les gardes nationales mobilisées firent seules complétement l'essai de ce système, avec lequel la discipline est absolument incompatible.

L'idée de décentralisation fut aussi appliquée aux opérations de la guerre ; il souffla sur la France comme un vent de résistance individuelle. Les comités, les clubs, les réunions patriotiques, sous l'inspiration d'hommes de bruit qui n'allaient point eux-mêmes à la guerre et ne la connaissaient pas, retentissaient sans cesse de projets de défense locale. Il fallait que chaque département, chaque village se défendît avec ses ressources propres, comme on le faisait au moyen âge dans les luttes de province à province. Idées fausses ! C'est à Reichshoffen et à Sedan que devait être défendue la dernière bourgade, et non autour de son clocher. C'est aux armées et sur les champs de bataille que le jeune soldat devait apporter cet esprit de sacrifice et de résistance puisé dans sa famille, nécessaire à son poste, mais inutile ailleurs. Il n'y avait pas à compter sur les villes ouvertes, livrées à elles-mêmes. Leurs moyens de défense étaient trop insuffisants, et leurs risques de toute nature trop considérables en face de l'artillerie ennemie. Il aurait fallu compenser cette infériorité par un héroïsme qui n'a pu être que fort rare et ne peut dans aucun cas se présumer. Aussi l'admirable exemple donné par les habitants de Châteaudun, qui ont si courageusement secondé les défenseurs de leur ville, est-il resté sans imitateurs.

Écraser l'ennemi sous une résultante d'efforts isolés a été un instant le programme du gouvernement. Sous l'influence d'une pareille idée, il a, par exemple, encouragé la création de corps de francs-tireurs, et le pays s'est un instant engoué de cette institution. Certains d'entre eux se sont conduits avec une grande bravoure; mais le parti très-nettement pris et déclaré par les Prussiens de n'avoir à faire qu'à des troupes régulières a bientôt rendu le rôle de ces corps francs ou extrêmement périlleux ou absolument illusoire. Aussi ont-ils, à ma connaissance, rendu peu de services. La discipline a rarement pu s'y établir; ils n'ont apporté aux généraux qu'un concours incertain et d'une utilité médiocre. Dès qu'ils étaient isolés, leur action n'avait plus ni but, ni mobile, ni direction. Ainsi ont été lancées sans contrôle, contre l'ennemi, des bandes nombreuses de ces irréguliers[1].

Les gardes mobiles, dont l'organisation a été victime de principes analogues, ont conservé beaucoup trop leur individualité locale. Le gouvernement leur a laissé leur autonomie, et leurs chefs, compatriotes et le plus souvent camarades de leurs soldats, sont en général restés sans autorité disciplinaire et sans influence sur leurs hommes. Quant à ces derniers, en s'encourageant les uns les autres dans leurs regrets de la vie de famille, ils s'entretenaient sans cesse des souvenirs si dangereusement énervants de leurs villages et de leurs foyers.

La division, entre les départements, des charges de la guerre, fon-

---

[1] J'ai rencontré deux compagnies de francs-tireurs, en insurrection contre leurs chefs et qui les ont cités devant une cour martiale, sous l'accusation de désertion. C'étaient les soldats, qui avaient refusé de marcher. J'ai dû délivrer moi-même un certificat de présence sur le champ de bataille, à son poste, à un capitaine que ses hommes avaient mis dans cette situation. Le 18e corps a cherché à s'attacher plusieurs compagnies de francs-tireurs. La compagnie de l'Aube, capitaine Senet, est la seule qui lui ait rendu des services d'une manière suivie et continue.

dée sur le même principe, provenait toutefois d'une inspiration meilleure. Chaque comité de défense eut à dépenser en achat d'armes et d'effets les ressources fournies par les localités intéressées. Le gouvernement se débarrassait ainsi d'une grande responsabilité et d'un travail considérable de détail. Les notions pratiques et les connaissances spéciales manquaient néanmoins bien souvent aux membres de ces comités. Beaucoup de ces fournitures, payées fort cher, furent détestables, et certaines troupes ainsi équipées se trouvèrent, à huit jours de marche de leur dépôt, dans le plus complet dénûment. On n'eût pas mieux fait, sans doute, vu l'insuffisance d'un personnel compétent, avec un système de centralisation.

En un mot, par suite du désarroi, de l'absence de direction, du manque de ressources organisées, il y a eu un moment, entre l'investissement de Paris et l'arrivée de M. Gambetta à Tours, où cinquante mille Prussiens eussent pu faire le tour de la France sans rencontrer probablement aucune résistance sérieuse. S'ils avaient été commandés par un génie audacieux, comme l'était Napoléon I<sup>er</sup>, au lieu de l'être par un génie prudent et méthodique comme le comte de Moltke, ils l'auraient tenté sans doute. Ils se seraient emparés ainsi des grandes villes et, anéantissant le matériel de défense, ils auraient détruit dans leur germe tous les éléments de résistance.

Un autre grand fait caractéristique de cette période a été l'introduction à haute dose de l'élément civil dans la direction des armées. Il a toujours existé entre la démocratie radicale et l'armée une certaine antipathie. Les militaires comprenaient parfaitement, à cette époque, le peu de confiance qu'ils inspiraient à une partie de la population. D'ailleurs, homme de discipline, d'ordre et de devoir par métier, puis par habitude d'esprit, l'officier sympathise difficilement avec le radical, homme d'indépendance et de libre action. Il ne lui échappe pas que le triomphe des idées radicales entrainerait la suppression des armées, l'anéantissement de toute influence militaire, l'oubli des principes dont il fait le mobile de son dévouement et la base de toute sa vie. D'autre part, le citoyen très-imbu d'idées radicales regarde le militaire comme un homme inutile, comme l'agent d'une autorité qu'il déteste et un instrument prêt à tenter, au besoin, des coups d'État monarchiques. Il redoute les mœurs nécessairement aristocratiques que donne aux hommes l'habitude de commander à leurs semblables, et comme, dans une société mercantile, il ne voit pas d'une manière générale les officiers se recruter dans la partie la plus studieuse de la jeunesse, il soupçonne toujours leur capacité.

Le rôle que venait de jouer l'armée permanente dans les premiers événements de la guerre, les capitulations de Sedan et de Metz, la manière malheureuse et maladroite dont l'action avait été engagée avec l'ennemi, engendrèrent un courant d'idées qui jeta alors sur l'élément militaire, et principalement sur le corps des officiers, une défaveur toute spéciale. Ils furent volontiers soupçonnés de trahison ou d'incapacité par beaucoup de gens au pouvoir. Un général hésitait-il à accepter un commandement, émettait-il des doutes sur la solidité de certaines troupes récemment levées, aussitôt son zèle était critiqué et son dévouement mis en suspicion. Il était interdit de ne pas avoir confiance.

Il fallut bien se résigner toutefois, à cause des préjugés militaires, à faire commander les armées par des hommes sortis des armées. Mais on donna aux généraux une tutelle. Elle fut d'autant plus vigilante qu'ils étaient moins connus ou trop connus. Souvent le ministère se chargea, sous sa propre responsabilité, de la direction stratégique des opérations, tâche qu'il était bien téméraire d'entreprendre et bien difficile de mener à bonne fin.

Il n'est pas nécessaire, pour faire de la stratégie, d'avoir de nombreuses années de service. Je ne parle ici ni de la tactique ni du commandement. Mais il faut avoir, au moins, des connaissances étendues sur la guerre, acquises soit par quelque expérience personnelle, soit par de très-longues études. Un officier encore jeune, un grand historien militaire comme M. Thiers, peuvent être de très-bons stratégistes. Mais, en dehors de ces deux conditions, il est insensé de faire diriger des armées par des hommes, si éminents qu'ils puissent être d'une manière générale, quand ils sont tout à fait étrangers aux choses militaires. La guerre est un art qui met en œuvre des procédés spéciaux : elle n'est pas la réalisation d'inspirations abstraites.

On objectera peut-être à ces critiques le précédent créé par l'histoire de la guerre d'Amérique et l'exemple de ces armées commandées par des hommes issus des origines professionnelles les plus diverses. Mais alors l'ignorance et l'inexpérience de la guerre étaient égales dans les deux camps ; la lutte a duré plusieurs années, et le temps a permis aux éducations de se faire et aux mérites spéciaux de se révéler. En France, au contraire, le temps manquait : il fallait être prêt à attaquer l'ennemi dans les deux mois, et au plus tard dans les trois, qui suivraient l'investissement de Paris.

L'intervention de l'élément civil dans les conseils militaires eût été très-utile et était même nécessaire, à cette époque d'appel à toutes les lumières comme à tous les dévouements ; mais il fallait limiter son influence aux bornes raisonnables de sa compétence, et éviter de lui donner une trop grande part dans la direction des opérations de la guerre. Il valait mieux commencer par où l'on a fini, c'est-à-dire par confier à des officiers relativement très-jeunes et d'un certain renom, comme il en existait, des commandements importants, supérieurs même à leur grade, en leur laissant une suffisante liberté d'action.

Il importait aussi de ne pas faire paraître aux armées ces commissaires ou dignitaires civils, dont l'attitude dans les camps rappelle assez bien celle que prennent parfois les princes du sang quand ils restent en dehors de l'action sur le champ de bataille. Elle a, de plus, le privilége spécial d'indisposer les militaires jusque dans les grades inférieurs de la hiérarchie.

M. Gambetta a visité, près de Bourges, le 18e et le 20e corps dans leurs cantonnements. Dans les quartiers généraux, une telle apparition est sans inconvénient ; mais auprès des troupes il en est autrement. Le bruit même lointain de ses visites produit dans les rangs une impression mauvaise. Certains mobiles du 20e corps auraient, paraît-il, accueilli peu respectueusement le ministre. A Villersexel, un commissaire vêtu en civil a donné des ordres à une batterie d'artillerie du 20e corps, ce dont les soldats ont été fort étonnés et très-mécontents.

Le soldat est ainsi fait : il risque sa vie, et il en est fier ; il dédaigne ceux qui n'ont pas traversé les mêmes épreuves. Ce sentiment doit être respecté jusque dans ses exagérations, car il est la base de l'esprit de sacrifice, sublime exagération lui-même. Nous ne sommes pas, sans doute, assez civilisés. Un temps viendra peut-être où le soldat, mis au courant, par la lecture des journaux, des mérites acquis par les citoyens utiles à leur pays, voudra saluer, en allant mourir, tel ou tel publiciste en promenade aux armées. Je ne sais si ce moment est proche, mais je crains, s'il arrive, qu'avec les préjugés de l'état militaire n'aient disparu aussi ses hautes vertus, et que nous ne soyons alors devenus incapables de nous défendre.

L'esprit des troupes est un esprit à part, que les chefs militaires et politiques doivent connaître et ménager. L'homme n'est pas d'hier, ni le soldat non plus. Ou il faut supprimer la guerre, ce qui serait assurément très-désirable, mais ne paraît guère possible avec le voisinage de l'Allemagne, ou il faut la subir et avoir des hommes pour la faire. Or ces hommes auront nécessairement et devront avoir même, tant qu'ils seront sous les armes, des idées spéciales assez différentes des idées ordinaires. Peut-il en être autrement, quand leur conduite doit être si étrangement contraire à tout ce que les instincts de conservation de l'homme semblent lui commander de prudence et d'égoïsme?

Le mot de trahison, que M. Gambetta a lancé avec sa passion d'orateur et qu'ont répété toutes les paraphrases faites alors de ses proclamations, ce mot a eu sur les armées de l'époque une redoutable portée. Je l'ai entendu murmurer à mes oreilles, quand parfois un service pénible était commandé aux troupes, et la dernière fois encore lors de notre entrée en Suisse. Dans les armées les meilleures et dont le tempérament est le plus viril, la confiance dans les chefs est le grand mobile de l'ardeur. Nos malheureux soldats, habitués par les déclarations officielles à ne voir que des traîtres dans le passé, se laissaient facilement aller, au milieu de tant d'épreuves, à voir aussi des traîtres dans le présent.

En résumé, nous venons de montrer comment les principes fondamentaux du radicalisme, l'appel en toute occasion à l'idée politique, l'élection des chefs, la décentralisation, l'ingérence de l'élément civil dans la direction militaire de la défense, principes conçus même pour un ordre tout différent, l'ordre politique, avaient été appliqués à l'organisation des armées par les gouvernants de cette période. Heureusement cette application n'a pas été poussée très-

2

loin, car nous aurions encore moins bien et moins longtemps résisté que nous ne l'avons fait. Les hommes au pouvoir, sous l'influence des généraux et convaincus par l'évidence des faits, sont peu à peu revenus d'eux-mêmes vers les véritables et éternelles bases de la constitution des armées.

Quelles qu'aient été ses erreurs et ses fautes, on ne peut contester à M. Gambetta personnellement supérieur à ceux qui agissaient en son nom, qu'il n'ait déployé une remarquable activité et montré du patriotisme. Il a mis très-vite sur pied des forces considérables. Une multitude d'hommes armés et équipés ont été réunis dans les camps. Un matériel a été créé, à des prix souvent fort élevés et avec d'énormes déchets dus à l'ignorance des détails et au gaspillage. Mais, en résumé, il a été fait rapidement de grandes choses dans cet ordre, vu le temps et les circonstances. L'armement n'existait pas. On a partout fabriqué ou acheté des armes. Les munitions manquaient. De toute part on s'est mis à en produire. L'industrie privée a offert son concours en se substituant au vieux système des régies militaires. Certains officiers spéciaux ont, de leur côté, fourni les types de pièces d'artillerie ou d'armes perfectionnées, et les ont fait exécuter avec succès et rapidité. Enfin, les ingénieurs de l'État, qui ont mis avec tant de dévouement au service du pays leur intelligence et leur volonté, ont improvisé des ateliers d'armement, des poudreries, capsuleries, fonderies, établissements de camps, avec une activité rare et une éminente supériorité. Comme nation industrielle merveilleusement propre à se procurer des ressources, la France, en définitive, a bien été digne de sa grande réputation.

En véritable Français, nous venons de critiquer tout d'abord le gouvernement de l'époque en faisant peser sur lui la part de responsabilité qui lui revient dans l'histoire de nos malheurs. Il est équitable d'examiner si le pays lui-même s'est montré, par son dévouement et son patriotisme, à la hauteur des sacrifices que les douloureuses circonstances du moment exigeaient.

Je dois avouer que, d'après moi, il n'a point fait ce qu'il aurait dû faire et ce que l'on devait attendre de lui sans trop présumer de son caractère. La jeunesse était sans éducation militaire et l'organi-

sation était absente. Cependant le pays voulait continuer la guerre
ou du moins en acceptait la continuation. Il fallait donc remplacer les
éléments de résistance qui nous manquaient par un grand effort de
dévouement individuel. Il ne s'agissait pas de défendre les villes ouvertes, de lutter pied à pied contre l'invasion, d'empoisonner les fon-
taines, de tout détruire devant l'ennemi, et de réaliser tout autre
programme plus ou moins chimérique ou plus ou moins incompatible avec les conditions modernes de la guerre et le degré de civilisation de nos mœurs. Il s'agissait tout simplement d'envoyer aux
armées, dans les rangs des recrues et dans ceux des milices des
hommes fermement décidés à faire leur devoir.

La foi s'affaiblit. La foi religieuse, qui peut seule élever au-dessus
des intérêts matériels les idées et les sentiments des hommes obligés
à un travail manuel continu, cette foi semble malheureusement
très-ébranlée dans le cœur des masses. La foi politique a disparu.
J'ai dû constater plus haut combien le peuple était peu républicain
au lendemain du 4 septembre. En revanche, il était tout aussi peu
attaché au souvenir des monarchies qui se sont succédé depuis cent
ans sur le sol de notre patrie. Il était devenu absolument indifférent
à tout ce qui n'était pas son bien-être.

Le mode d'éducation appliqué depuis quarante ans dans les familles
françaises de toute sorte, en développant cette funeste tendance, a
eu pour effet de saper dans les âmes les bases du principe d'autorité, et, par conséquent, le fondement de la discipline.

Il n'y a jamais eu et il ne peut pas y avoir d'armée sans discipline.
J'appelle ainsi non pas l'art de faire certains exercices militaires
d'une manière plus ou moins correcte, mais le respect de l'autorité
et des chefs. Une troupe est placée par son général dans une situation périlleuse : elle souffre et perd ses hommes; néanmoins, elle
conserve son poste, car elle en a reçu l'ordre. C'est parce qu'ils ont
reçu « l'ordre » et qu'ils ne conçoivent pas un manquement possible
au devoir commandé, que les trois quarts des officiers et des soldats
affrontent le danger. Telle est la discipline. L'héroïsme ou le mépris
du péril est fort rare. L'enthousiasme est un sentiment passager. La
discipline est de tous les moments; elle forme la seule base fixe et
certaine de la solidité d'une troupe.

Une troupe formée n'est donc pas seulement une troupe qui connaît la manœuvre. L'instruction militaire proprement dite est facile à acquérir pour l'exécution des quelques mouvements assez simples nécessaires un jour de combat. Ce qui fait défaut chez le jeune soldat, c'est l'éducation militaire, ou l'assimilation intime à son être, de ces notions de devoir ou de discipline. Trois ans de séjour sous les drapeaux, en temps de paix, sont exigés par les praticiens pour que le soldat s'en pénètre, non moins que pour le former au maniement des armes et à l'habitude des exercices. C'est précisément le temps nécessaire pour que le régiment défasse ce qu'a fait la famille. On a inculqué au jeune homme dans ses foyers le principe égoïste de sa conservation personnelle : il doit y substituer le généreux sentiment de l'obéissance, du devoir et du sacrifice.

Ceux qui ont observé l'éducation donnée aux enfants, soit dans le peuple travailleur, soit dans les classes aisées ou riches, ont dû s'apercevoir de la mollesse qui y préside. Ces enfants deviennent de bonne heure de véritables maîtres au sein de la famille. On obéit à leurs moindres fantaisies, et les efforts de tous concourent à leur préparer un avenir matériellement heureux. Il semble que la satisfaction immédiate de leurs moindres désirs, la liberté la plus absolue laissée à leurs caprices, soient la meilleure voie possible à tracer au développement de leur volonté. Comment faire accepter aux élèves formés à une pareille école les hautes et sévères leçons d'une morale virile qui, préparant l'homme à la perspective de la souffrance, lui enseigne à savoir tout sacrifier, même la vie? Comment s'étonner, ensuite, du peu de patriotisme qu'ont rencontré en France même les armées françaises dans leurs rapports avec les populations, et de la facilité avec laquelle les Prussiens avaient rendu celles-ci neutres ou presque alliées en les menaçant simplement dans leurs intérêts matériels? Faut-il être surpris de la tiédeur qu'ont apportée à la défense du pays toutes ces recrues et toutes ces milices de la dernière heure, réveillées comme en sursaut du repos au sein duquel elles se croyaient à jamais tranquilles. La plupart s'étaient doucement endormis dans la pensée que la patrie n'avait plus rien à leur demander, que l'âge critique passé, ou l'exonération payée, ils étaient à jamais quittes de toute dette de sacrifice. C'est que dans les temps calmes et au milieu de circonstances vulgaires, des hommes élevés suivant ces principes suffisent à peu près à leur tâche en ce monde ; mais si un trouble survient, si un choc quelconque ébranle ce milieu paisible où ils ont toujours vécu et espéré vivre, alors ils hésitent, surpris et chancelants.

En 1792, lorsque la nation se souleva pour tenir tête à l'Europe, les mœurs étaient différentes. Ceux dont les souvenirs de famille remontent à cette époque, directement ou par tradition, doivent se rappeler combien était vigoureuse la trempe de l'éducation. Aussi cette génération fut partout héroïque, aux frontières, en Vendée, sur les échafauds, dans les assemblées, et les crimes même des terroristes furent empreints du caractère d'une sauvage mais remarquable énergie.

A Rome, les légions se formaient rapidement et les jeunes Romains étaient vite façonnés à la discipline. C'est qu'elle existait d'abord dans la famille, où l'autorité du père était respectée. Il ne fallait pas trois ans alors pour dresser un soldat.

En Amérique, pays d'indépendance et d'émancipation, le sentiment du respect absolu et général existe pour la religion et pour la Constitution. Le peuple ne voit pas à chaque instant traîner dans la boue ces deux bases d'une société.

La France est une nation belliqueuse, mais sa population était devenue bien peu militaire. Qui aurait voulu, avec les idées mercantiles si en faveur parmi nous, se contenter d'une solde modeste, et encore risquer sa vie ? Comme pour la carrière scientifique, il s'attachait, dans une partie de notre société, une sorte de déconsidération à l'exercice de la profession des armes. Aussi voyait-on, sauf dans quelques familles aux traditions militaires, l'élite intellectuelle de la jeunesse se précipiter vers les emplois lucratifs ou les métiers qui procuraient le bien-être ou la richesse. L'étude de l'art de la guerre, qui exige pourtant des connaissances si étendues et ouvre la voie à des recherches si variées, était généralement abandonnée à la partie la moins studieuse de la jeunesse. Le pays doit être conséquent avec lui-même ; s'il veut exiger beaucoup de son armée, il doit y destiner ses meilleures intelligences et y consacrer son sang le plus précieux.

Il y a eu assurément, au milieu de l'inertie générale, de très-beaux dévouements individuels. Dans certaines maisons, tous les hommes sont partis pour la guerre et plusieurs n'en sont pas revenus. Des pères de famille ont pris volontairement du service. La voix publique a glorifié et acclamé ces véritables patriotes. Mais ces exemples ont été trop peu nombreux, trop peu suivis pour apporter à la défense du pays un concours suffisant, alors que dans les armées allemandes près de quatre cent mille pères de famille étaient sous les armes sur notre propre territoire. Nul toutefois, dans leur pays, ne célébrait publiquement le mérite de leur conduite comme celui d'un fait extraordinaire, et cependant la mort de plusieurs a dû causer de bien grands vides dans les chaumières des bords de l'Elbe ou de l'Oder. C'est avec douleur que je suis obligé de faire cette comparaison. Je sais bien que ces Prussiens y étaient forcés, et que si nous avions été préparés d'avance à l'idée d'obligations pareilles, nous eussions montré un dévouement égal ou même plus grand, mais il n'en reste pas moins vrai, en fait, que la Prusse, pour nous attaquer, a su faire des efforts bien supérieurs à ceux que nous lui avons opposés pour nous défendre. Nous avons, en un mot, été surpris au moment où nous traversions une crise de désorganisation morale, tout autant qu'une période de désorganisation militaire.

On ne peut nier, d'autre part, l'influence capitale qu'ont exercée sur l'issue de la guerre certains événements absolument imprévus et qui ont pesé sur nos destinées du poids d'une fatalité évidente.

La chute de Metz ne doit-elle pas nous surprendre. Qui aurait pu deviner et faire entrer en ligne de compte la suppression soudaine, dans l'effectif de nos forces, de ces cent mille hommes de troupes d'élite? Il est certain que si le prince Frédéric-Charles eût été retenu deux mois de plus dans l'Est, ou bien si l'armée du maréchal Bazaine, réussissant à s'échapper, eût apporté à nos armées de province les cadres dont elles manquaient, la face des choses eût inévitablement changé. Pourquoi faut-il, d'autre part, qu'un hiver d'une rigueur sans précédent soit venu augmenter encore les souffrances et les fatigues de nos troupes jeunes et mal pourvues? L'histoire particulière de chaque armée révélerait sans doute une série de contretemps et de malchances de détail qu'une sagacité profonde dans les chefs eût pu prévenir et écarter peut-être, mais qui, paraissant échapper à la portée ordinaire des prévisions humaines et venant s'ajouter aux conséquences de nos erreurs et de nos fautes, semblent attester l'influence permanente d'une prédestination fatale à la défaite.

Si j'ai cru devoir faire précéder le récit qui va suivre de ces quelques considérations générales, c'est qu'elles sont de nature à expliquer beaucoup d'événements militaires de l'époque. Elles servent d'éclaircissement à bien des fautes dans la direction, comme aussi dans l'exécution à bien des défaillances. D'ailleurs, il était nécessaire de retracer la situation morale du pays. Les armées qui en sont le produit en restent toujours l'image, image d'autant plus ressemblante que la parenté est plus intime entre elles et lui, alors que récemment formées et non encore pénétrées par l'esprit militaire, elles sont d'autant plus rapprochées de leur origine.

Je vais raconter maintenant d'une manière sommaire les événements de la campagne de l'Est, mais surtout les faits de guerre du corps d'armée où j'ai servi, qui s'est trouvé un des meilleurs, des mieux commandés et des plus activement engagés dans toutes les affaires.

Les circonstances qui ont fait de moi un soldat sont malheureusement celles qui ont appelé sous les armes beaucoup de Français. J'aurais voulu voir le pays entier se soulever contre l'invasion. Aussi, bien que dispensé du service, je me suis engagé comme volontaire. Les armes spéciales ouvraient largement alors leurs cadres aux jeunes hommes qui avaient jadis, comme moi, porté l'épée dans une école célèbre. Des connaissances spéciales en topographie me firent choisir l'état-major, alors dépeuplé de son personnel véritable, en grande partie captif. Le ministère me nomma capitaine au titre auxiliaire, et je fus attaché à l'état-major général du 18e corps, que commandait un général de promotion récente, M. le général Billot.

Le lecteur se souviendra que j'ai été témoin ou acteur dans la plupart des scènes que je raconte. Quant aux appréciations, je les prends sous ma responsabilité. Ce ne sont pas celles d'un militaire de profession. Le général distingué sous les ordres duquel j'ai servi, les officiers, mes compagnons d'armes, pourront en former de différentes. Je ne suis en rien l'organe de leur manière de voir. Indépendant moi-même de la hiérarchie militaire, je discuterai les faits sans parti pris. J'espère jeter quelque lumière sur des événements qui me paraissent en général très-diversement jugés. J'essayerai d'être vrai en m'efforçant d'être sincère, heureux si mon récit, en faisant connaître les souffrances et les combats de notre malheureuse armée de l'Est et en sauvant de l'oubli les réels services rendus par certains corps de cette armée, peut un jour servir de document utile à l'œuvre d'un véritable historien.

## II

Le 18ᵉ corps avait été formé en un mois, à Nevers, grâce à la remarquable activité du général Billot. A peine formé, il avait dû combattre, à Juranville, les troupes du prince Frédéric-Charles, et avait remporté sur elles un avantage signalé. Je n'ai été ni témoin ni acteur dans ce premier combat, dont le souvenir remplissait les esprits et les récits des officiers de ce corps d'armée au moment où je les ai rejoints. Je dois néanmoins en parler d'une manière sommaire.

Il importe de donner d'abord une idée de la composition du 18ᵉ corps. Elle a peu varié pendant la durée de la guerre. Le tableau qui suit le montre tel qu'il a été, sinon tout à fait encore, aux bords de la Loire, du moins pendant la campagne de l'Est, la plus longue et la plus importante à laquelle il ait pris part.

18ᵉ CORPS (50,000 HOMMES)

| | |
|---|---|
| Commandant en chef. . . . . . . | Général Billot. |
| Chef d'état-major. . . . . . . . | Colonel Gallot. |
| Commandant de l'artillerie. . . . | Colonel Charles. |
| Chef d'état-major de l'artillerie. . . | Colonel d'Arliguelongue. |
| Commandant du génie. . . . . . | Colonel de la Berge. |
| Chef d'état-major du génie. . . . | Colonel Goury. |
| Intendant. . . . . . . . . . . | Huot de Neuvier. |
| Grand-prévôt. . . . . . . . . . | Commandant Yvon. |
| Commandant du génie civil. . . . | Ingénieur Mallart. |

| DIVISIONS ET DIVISIONNAIRES. | CHEFS D'ÉTAT-MAJOR DES DIVISIONS. | BRIGADES ET BRIGADIERS. | RÉGIMENTS ET BATAILLONS. | COLONELS. | ARTILLERIE. | GÉNIE. |
|---|---|---|---|---|---|---|
| 1re division, Général Pilatrie. | Lt-colonel de Sachy. | 1re brigade, Colonel Leclaire. | 42e de marche. / 9e bataillon chasseurs de marche. / 19e mobile (Cher). | Lieut.-col. Couston. / Capitne de la Croisade. / Colonel de Choulot. | 5 batteries montées de quatre, Commandant Allips. | 1 section, Commandant de Vignet. |
| | | 2e brigade, Général Robert. | 44e de marche. / 75e mobile (Loiret, Isère). | Lieut.-col. Achilli. / Colonl de Rancourt. | | |
| 2e division, Contre-amiral Penhoat. | Lt-colonel de l'Epée. | 1re brigade, Colonel Perrin. | 52e de marche. / 12e bataillon chasseurs de marche. / 77e mobile (Tarn, Maine-et-Loire, Allier). | Commandant de Villeneuve. / » / Colonel Trinité. | 5 batteries montées de quatre, Commandant Bléhaut. | 1 section, Commandant de Cazanove. |
| | | 2e Brigade, Général Perrot. | 92e de ligne. / Bataillons d'infanterie légère d'Afrique. | » / Colonel Gratreaud | | |
| 3e division, Général Bonnet. | Commandant Rougier. | 1re brigade, Colonel Goury. | 4e zouave de marche. / 82e mobile (Vaucluse, Var). / 53e de marche. | Lt-cl de Boisfleury. / Colonel Homcy. / Colonel Bremens. | 5 batteries montées de quatre, Commandant Danère. | 1 section, Commandant Girard. |
| | | 2e brigade, Colonel Bremens. | 14e bataillon de chasseurs de marche. | Commandt Bonnet. | | |
| Division de cavalerie, Général de Brémont d'Ars. | Lt-colonel Vincent. | 1re brigade, Général Charlemagne. | 2e hussard de marche. / 3e lancier — / 5e dragon — | Lt-col. de Pointis. / Lieut.-col. Pierre. / Lieut.-col. d'Ussel. | 2 batteries à cheval de quatre, Commandant Joubert. | » |
| | | 2e brigade, Général Hinglais. | 5e cuirassier — | Lt-col. de Brécourt. | | |

Le 49⁰ de marche, colonel Gueytat, a été attaché au corps d'armée, mais n'a pas été incorporé d'une manière permanente à une division.

Indépendamment de l'artillerie divisionnaire, le 18⁰ corps avait une réserve d'artillerie, sous les ordres du colonel de Miribel. Elle se composait de deux batteries de 12 et d'une batterie de mitrailleuses jointe à une batterie d'obusiers de montagne. Le 18⁰ corps avait donc quatre-vingt-seize pièces, c'est-à-dire trois pièces par mille hommes environ.

Dans l'état-major général, contrairement à ce qui avait lieu dans bien des corps de l'époque, l'élément militaire dominait. Sauf deux officiers de garde mobile et moi, tous mes camarades appartenaient par état aux armées françaises et étrangères. Le général avait pris parmi nous un officier de chaque arme pour composer le groupe de ses officiers d'ordonnance. Les autres étaient, à proprement parler, les officiers de l'état-major, placés sous les ordres du colonel qui en était le chef.

En examinant le tableau ci-dessus, on voit que chaque brigade était formée à moitié par des troupes de marche et à moitié par des gardes mobiles. La deuxième division possédait seule un régiment de ligne, le 92⁰, qui rejoignit vers la fin de décembre. Les bataillons d'Afrique étaient aussi composés d'anciens soldats.

Dans le corps d'officiers, chaque fonction était remplie par un officier de grade inférieur à celui qu'aurait réclamé en temps ordinaire le commandement qui lui était confié. Encore plusieurs n'ont-ils obtenu les grades inscrits au tableau qu'à la fin de la campagne. Pour la composition de ces cadres, l'armée d'Afrique, les évadés de Metz et de Sedan, les oubliés dans les dépôts, apportèrent les éléments les plus jeunes et les plus actifs. Le cadre de réserve et les emplois plus ou moins sédentaires de l'armée fournirent le complément.

Quelques jours à peine après que sa formation à Nevers avait été entreprise, le 18⁰ corps reçut l'ordre de combiner ses mouvements avec ceux du 20⁰ et de marcher vers Montargis. Loin de présenter encore la composition régulière d'un corps d'armée au complet, il se réduisait alors d'une part à sa 1ʳᵉ division, seule régulièrement constituée, d'autre part à des colonnes détachées, pourvues d'une organisation et d'un commandement provisoires, et qui devinrent plus tard le noyau des deux autres divisions.

Le 28 novembre, les deux corps, sous le commandement en chef du général Crouzat, commandant le 20<sup>e</sup> corps, durent attaquer Beaune-la-Rolande, que défendait, disait-on, le prince Frédéric-Charles en personne, à la tête de deux corps prussiens le 10<sup>e</sup> et le 3<sup>e</sup>.

Le 20<sup>e</sup> corps devait aborder la position de front, le 18<sup>e</sup> par la droite.

Le 20<sup>e</sup> corps, pendant la journée du 28, attaqua cette ville, et y lança de fortes colonnes d'infanterie qui furent repoussées après des pertes considérables.

Quant au 18<sup>e</sup>, il lui fallait d'abord pour arriver devant Beaune, s'emparer des villages de Maizières, Lorcy, Juranville et les Cotelles. La ligne de Maizières à Lorcy est la base d'un triangle dont Juranville est le sommet. Au delà se trouve Beaune. Les Cotelles sont un petit village, près de Juranville.

Dès six heures du matin, la 1<sup>re</sup> division (Pilatrie) fut portée en avant. La 1<sup>re</sup> brigade (Robert) marcha sur Maizières. La 2<sup>e</sup> brigade (alors Bonnet) fut dirigée sur Lorcy. La colonne Goury (quatre bataillons non encore embrigadés) marchait sur les derrières de la 1<sup>re</sup> division, avec l'artillerie de réserve, les bataillons d'Afrique, et les tirailleurs algériens (alors incorporés au 18<sup>e</sup> corps). La cavalerie éclairait les flancs sur la droite entre le champ de bataille et Montargis, d'où la brigade Perrin arrivait en réserve.

Pendant que le général Bonnet enlevait Lorcy, le général Robert, qui avait traversé Maizières non défendu, enlevait Juranville.

Mais en se dirigeant de Juranville conquis sur Beaune-la-Rolande, il fut attaqué par des forces considérables, repoussé dans Juranville, puis hors de Juranville qu'il perdit, et rejeté en arrière.

Les brigades Robert et Bonnet, agissant de concert, appuyées par l'artillerie de réserve, durent alors reprendre Juranville. Elles y parvinrent après un sanglant combat. Une pièce de canon[1] et le

[1] Les trophées de cette nature, ont été malheureusement si rares, dans le cours de cette fatale guerre, que les prises de canons méritent une histoire. Celle-ci, exécutée dans des circonstances particulières, est due au coup d'œil et à la har-

petit village des Cotelles tombèrent en notre pouvoir. Les Prussiens battirent en retraite en toute hâte et se replièrent sur Beaune.

Il était déjà tard quand le 18e corps arriva devant Beaune, que le 20e continuait à battre du feu de son artillerie. La colonne Goury attaqua la ville par ses tirailleurs, qui enlevèrent le petit village de Fonsegrive, et pénétrèrent jusque dans les faubourgs. Mais alors la nuit survint. Le général voulait attaquer la nuit pour profiter de l'élan de ses troupes, ou tout au moins recommencer l'attaque, le lendemain au point du jour. Mais le général en chef n'adopta point cet avis, et envoya au 18e corps l'ordre de se replier immédiatement sur Ladon, en l'occupant solidement, et d'attendre les événements.

Cette retraite rendait inutile tout ce qui avait été déjà fait. Était-elle une nécessité? Je l'ai entendu alors considérer comme une faute par beaucoup d'officiers plus ou moins bien informés.

Bientôt le 18e corps reçut l'ordre encore plus précis de renoncer à tout projet offensif contre Beaune, et de se préparer à exécuter une marche de flanc sur la gauche, devant le front de l'ennemi, opération de guerre toujours difficile, surtout en présence d'adversaires aussi habiles et aussi vigilants que l'étaient les généraux prussiens. L'armée courait la chance d'être attaquée, avec danger d'être coupée en deux.

En effet, le surlendemain 30, le corps d'armée fut attaqué à Mai-

---

diesse du capitaine d'artillerie Brugère, aide de camp du général Billot. Il aperçut pendant l'action, deux pièces qui à 1,500 mètres de lui traversaient un champ. Il les reconnut pour prussiennes à leur attelage, et résolut de s'en emparer. Il fit tirer dessus par une batterie d'artillerie, et par une compagnie d'infanterie, qui s'était avancée à portée. Les officiers de ces troupes refusèrent d'abord, croyant les pièces françaises, mais cédèrent aux affirmations du capitaine Brugère. L'une des pièces s'échappa, mais l'autre eut ses chevaux et ses servants tués. Brugère se porta alors en avant avec la compagnie de tirailleurs, et s'empara du canon abandonné. Mais il ne pouvait ni se maintenir ni l'emmener, sous le feu violent de mousqueterie que dirigeait contre lui l'infanterie prussienne, occupant le petit village des Cotelles. Il fit coucher les tirailleurs, et revint lui-même en arrière, chercher un avant-train, et une troupe qui put enlever le village. Il offrit la partie à un escadron de lanciers qui l'accepta. Ces cavaliers chargèrent le village la lance au poing, et tuèrent ou prirent tous les fantassins ennemis imprudemment descendus dans les rues. Ce fut un brillant fait d'armes. Le village pris, le feu cessa, et la pièce put être emmenée. Le capitaine Brugère fut nommé chef d'escadron, à la suite de cette action d'éclat.

zières, point de sa jonction avec le 20ᵉ corps. Le général Billot, avait déjà , en prévision de cet événement , fait barricader le village. Il fut vaillamment défendu par les turcos, qui l'occupaient jusqu'au moment où une colonne de soutien vint les appuyer. Arrêtés par cette vigoureuse résistance, pris d'écharpe par les batteries établies à Montigny, tournés par les batteries de réserve, qui s'étaient portées sur la route de Beaumont, les Prussiens se retirèrent et le 18ᵉ corps put tranquillement continuer sa marche, et arriver le 2 décembre à Montliard. Aussitôt après l'affaire de Beaune-la-Rolande, le commandement de l'armée de 50,000 à 60,000 hommes formée par les 18ᵉ et 20ᵉ corps fut confié au général Bourbaki.

Tels furent, en quelques mots, les principaux événements de ces combats. Ils coûtèrent au 18ᵉ corps de 1,500 à 2,000 hommes tués ou blessés, chiffre considérable, si on le compare surtout à celui des forces engagées. Ce furent pour lui de chaudes et honorables affaires, d'autant plus brillantes que ce corps était en voie de formation , et que les chefs et les soldats ne se connaissaient pas encore.

En résumé, l'opération était manquée dans son ensemble. Le 20ᵉ corps avait échoué devant Beaune , et si le 18ᵉ était arrivé trop tard devant cette ville, c'est qu'il avait dû combattre toute la journée pour en approcher. Trois mille hommes étaient hors de combat. Beaune n'était pas pris, et nous nous retirions[1].

Il est vrai qu'un ordre du jour du ministre vint nous annoncer que ces combats avaient eu pour effet d'attirer vers la droite une partie des forces prussiennes, et de préserver ainsi la gauche de l'armée de la Loire contre la menace d'un mouvement tournant. Nous ne pouvions apprécier l'importance stratégique d'une pareille conséquence. Pour nous , ces deux journées de lutte n'avaient servi qu'à donner aux chefs la confiance de leurs troupes , grand résultat moral à la guerre, mais que l'on aime à voir accompagné de succès matériels importants.

---

[1] Je donnerai généralement le chiffre approximatif des pertes. C'est la principale mesure de l'importance des combats.

## III

J'arrivais à Montliard le 2 décembre, et j'y trouvais l'état-major plein d'espérances et le corps d'armée rempli d'ardeur. Ainsi en est-il toujours après les affaires heureuses.

Dès le lendemain, je suis détaché auprès du général Bonnet pour accompagner une reconnaissance offensive contre le village de Mai-zières supposé occupé par l'ennemi. Il l'avait bien occupé, aussitôt après notre départ le lendemain du 30 novembre, mais il l'avait éva-cué en se retirant. Aussi la reconnaissance ne rencontra rien. Les Prussiens étaient-ils en force dans Beaune-la-Rolande? Nous ne pûmes obtenir aucun renseignement bien précis à cet égard. Ils devaient très-probablement, comme nous allions le faire nous-mêmes mais trop tard, s'être mis en marche vers la gauche.

Le 4 décembre, le corps d'armée continue sa marche vers l'Ouest, et ses colonnes suivent le chemin de rive du canal d'Orléans. La journée est employée de notre côté à reconnaître les positions en cas d'attaque imprévue. Nous longions une ligne de bois, et c'est des bois que les tirailleurs prussiens étaient généralement sortis pour tomber à l'improviste sur les campements de certains corps de nos premières armées. Mais, de notre côté, les précautions étaient main-tenant prises avec le soin le plus minutieux. La médiocrité de nos officiers subalternes, les ruses de la tactique prussienne, les malédic-tions de l'opinion contre les chefs qui s'étaient laissé surprendre, fai-saient désormais aux généraux une loi absolue de la plus active vi-gilance personnelle.

Nous rencontrons à Vitry-aux-Loges le général en chef. C'était la première fois que plusieurs d'entre nous voyaient le général Bour-baki, homme de guerre, brave, expérimenté et loyal, qui venait d'ac-cepter avec dévouement et patriotisme un commandement bien dif-ficile. Il avait pour premier aide de camp le colonel d'état-major Leperche, officier universellement aimé et estimé pour sa capacité et son caractère. Ses jeunes officiers d'ordonnance appartenaient presque tous à la garde mobile, et avaient rempli, sous le régime précédent, à la cour ou dans la haute administration des emplois élevés. Cet état-major, comme le nôtre, gagnait Châteauneuf situé à quelques kilomètres en arrière du front de nos troupes.

Nous y étions à la nuit. Les colonnes arrivées à leur destination d'étape étaient échelonnées, de Fay-aux-Loges à Vitry-aux-Loges et à Combreux le long du canal. Les hommes croyaient marcher sur Orléans et pensaient aller au combat. La beauté du temps relevait encore leur moral, et le souvenir tout récent de Juranville remplissait les âmes de confiance.

Tout à coup, vers dix heures du soir, la nouvelle arrive que l'armée du général d'Aurelles, mise en déroute, a dû évacuer Orléans et repasser la Loire. L'ordre nous est envoyé en même temps de battre au plus vite en retraite, et de gagner la rive gauche de cette rivière, sous peine d'être nous-mêmes coupés et pris. Le 20ᵉ corps devait passer le fleuve sur le pont de Jarjeau, le 18ᵉ sur le pont de Sully.

Sans perdre une minute, il faut remonter à cheval pour annoncer aux généraux le fatal événement, et leur porter l'ordre d'un départ immédiat et sans bruit. Ceux-ci, qui ne pouvaient s'attendre à un aussi triste réveil, reposaient dans le calme et l'espérance. Ils furent atterrés. Néanmoins, il n'y avait pas à se livrer à des conjectures. Les instants étaient précieux. Ceux qui ont fait la guerre savent combien les retraites précipitées, surtout avec des ponts à passer, peuvent devenir désastreuses si l'on est atteint par l'ennemi.

La levée d'un camp de nuit, sous le coup d'une alarme, présente un singulier et remarquable spectacle. En un clin d'œil tous sont debout. Les soldats se doutent vite, à la hâte et au silence qui leur sont commandés de la gravité de la situation. On les voit à la clarté des feux de bivouac, courir aux chevaux, les brider, les atteler aux pièces d'artillerie, plier les tentes et les bagages, sortir du camp et venir se former sur les routes. Le sentiment d'un danger mal connu double l'activité. Peu à peu, les colonnes s'ébranlent et disparaissent dans la nuit, et il ne reste bientôt dans la plaine que les traces des feux abandonnés qui s'éteignent lentement. Le jour paraît, et lui qui apporte dans les camps le réveil et la vie, ne vient plus éclairer dans ces espaces tout à l'heure si peuplés que l'immobilité et la solitude.

Ce ne fut pas sans un réel sentiment de tristesse que je quittai moi-même, à peine soldat de hier, ce pays de marches et de combats, où le 18ᵉ corps, jusqu'ici victorieux, avait fait ses premières armes, où il s'était mesuré avec succès contre le prince Frédéric-Charles, et d'où, par la faute des autres, il devait disparaître en une nuit comme un vaincu et un fugitif.

On ne peut s'expliquer par suite de quelles fatales circonstances ou de quelle incroyable ineptie de la direction supérieure, l'armée du général d'Aurelles avait été écrasée après deux jours de combat, et Orléans perdu, alors que l'armée du général Bourbaki, forte de 60,000 hommes environ, était restée, sans rencontrer l'ennemi, à une étape du champ de bataille.

Encore si nous eussions servi à neutraliser, par notre présence, des forces ennemies considérables et à les tenir éloignées du lieu du combat; mais il est infiniment probable que nous n'avions aucune troupe ennemie devant nous, entre Bellegarde et Châteauneuf. Les Prussiens n'avaient pas commis la faute dans laquelle nous étions tombés. Le 30 novembre, ils nous avaient attaqués dans Maizières pour nous tenir en haleine défensive, et si le 3 décembre nous n'avions rien trouvé dans Maizières en y faisant une reconnaissance, c'est qu'ils avaient sans doute, depuis deux jours, dirigé le gros de leurs forces sur le terrain de la grande bataille qu'ils voulaient nous livrer au nord d'Orléans.

En résumé, les terribles leçons données par les événements du commencement de la guerre paraissaient avoir été sans profit. Nous persévérions à nous faire battre corps par corps et armée par armée.

Le 5 décembre, nos divisions passèrent successivement la Loire, sur le pont de Sully. Le défilé des troupes, du matériel et des convois eut lieu sans perte de temps, comme les corps se présentaient, c'est-à-dire dans le plus grand désordre. Le pont de Sully est un pont suspendu, mais il était inutile de recommander aux soldats de rompre le pas. La confusion et l'irrégularité de la marche des colonnes rendaient en cette circonstance cette précaution tout à fait inutile.

Le soir il fallait détruire le pont, pour empêcher nos troupes, démoralisées et très-débandées, d'être poursuivies par nos ennemis, victorieux et disciplinés. La population, peu favorable à cette destruction, demandait qu'il fût démonté, et le maire se chargeait de faire exécuter ce travail, même après notre départ. Le démontage eût été long et difficile, par une gelée intense. D'ailleurs les Prussiens, survenant, auraient bien vite arrêté l'opération. Ces propositions ne furent donc pas acceptées par nous, et le tablier en bois fut livré aux flammes par notre arrière-garde.

Le 6, au soir, nous étions à Gien. Nos troupes étaient harassées. Dans une armée en marche il doit y avoir, tous les quatre ou cinq jours, une halte et un repos. Mais dans une armée qui bat en retraite et se désorganise nécessairement, surtout au milieu d'un hiver rigoureux, il faudrait des jours de halte encore plus fréquents pour permettre aux hommes de se remettre un peu de leurs fatigues et laisser aux traînards le temps de rejoindre les colonnes. Un arrêt à Gien était imposé par les circonstances.

Gien est bâti sur la rive droite de la Loire; on y accède de la rive gauche par un grand pont en pierre. Nous arrivions par la route de Sully, c'est-à-dire par la rive gauche. Il paraissait donc naturel de camper sur cette rive, mais elle est formée par une plaine basse; la rive droite, au contraire, par un plateau élevé, d'où l'ennemi aurait pu survenir inopinément et battre notre campement avec son artillerie. Une partie du corps d'armée dut traverser Gien et aller s'établir sur le plateau qui domine cette ville et où est située la gare du chemin de fer. Cette position est défendable, mais n'est pas très-forte; elle est dominée par des hauteurs qui s'élèvent à la distance de 5 à 6 kilomètres.

Pendant la journée du 7 les troupes se reposèrent. Le double fourneau de mine, pratiqué dans une des piles, fut chargé par les soins du génie militaire et tenu prêt à partir.

Dans la soirée du 7, une reconnaissance offensive prussienne vint attaquer les troupes campées sur le plateau. Le 4e zouave, colonel Ritter, fut déployé en tirailleurs. Il y eut une canonnade de deux

5

heures, un combat de mousqueterie, et, en définitive, une vingtaine
de zouaves blessés. La reconnaissance fut repoussée, mais nous
allions être attaqués inévitablement le lendemain. Les positions paraissaient mauvaises au général Bourbaki, qui ne voulait point livrer
bataille avec un fleuve à dos.

L'évacuation de la ville fut donc résolue et exécutée pendant la nuit.
Le pont devait sauter le lendemain, aussitôt après le passage des
troupes qui se dirigeraient vers le sud, sur Wailly, dans le département du Cher, en prenant, les unes la route de Châtillon, les autres
la route d'Argent.

Aussitôt après le passage de l'arrière-garde, qui était formée par
des zouaves, le feu fut mis à la mine par un capitaine du génie;
j'étais présent. La pile s'écroula avec un craquement sourd et s'ef-
fondra dans la rivière en entraînant les deux arches voisines; mais
aussitôt la fumée dispersée, nous aperçûmes avec surprise qu'il
était resté intact un passage de $2^m,50$ environ du côté du trot-
toir aval, où les matériaux, bien que disloqués, n'en tenaient pas
moins solidement. En résumé, de l'infanterie et de la cavalerie ennemie pouvaient, en toute sécurité, passer encore le pont et nous poursuivre. Déjà les éclaireurs prussiens étaient signalés sur la rive
droite; on les apercevait qui commençaient à couronner les hauteurs : il n'y avait donc pas de temps à perdre.

Le général Billot était loin en avant. Un général de division commandait l'arrière-garde; je lui annonçai ce contre-temps; il pa-
rut vivement contrarié, car toutes les dispositions de la retraite
étaient prises en supposant le pont détruit. Le détruire sous le feu,
et en protégeant militairement l'opération, paraissait ne pas être
chose facile, et il fallait dans ce cas prendre la responsabilité d'engager, sans ordre, un combat qui pouvait être meurtrier. Je lui re-
présentai vivement que ce pont devait achever de sauter à tout
prix pour assurer notre retraite. Il détacha alors un corps de troupes
et deux batteries d'artillerie pour couvrir au besoin l'exécution du
travail.

Cependant le génie militaire était fort embarrassé : là, comme au
pont de Doncherie, il n'avait point de poudre avec lui. Avec des pièces d'artillerie de gros calibre et une disposition favorable des rives,

le canon qui fait brèche aux remparts les plus solides aurait rapidement, en quelques coups, renversé cette maçonnerie disloquée ; mais
nous n'avions que du Quatre. Il n'y avait plus, dès lors, qu'un seul
parti à prendre, puisqu'on avait des munitions sous la main, faire un
pétard avec la poudre des gargousses. Le commandant d'artillerie
Jaubert fit apporter et défaire ses gargousses et exécuter un pétard
qui réussit parfaitement. Il était temps : les Prussiens entraient à ce
moment dans la ville.

Les troupes restées en position défensive battirent aussitôt et rapidement en retraite pour éviter un combat inutile. Leur queue de
colonne reçut pourtant quelques obus.

Toutefois, un corps de francs-tireurs, corps nombreux et bien
équipé, de 4 à 500 hommes, qui avait reçu du général l'ordre de
prendre le chemin de la rive droite pour nous couvrir de ce côté, et
qui n'avait point exécuté cet ordre, engagea de sa propre autorité
un combat avec l'ennemi d'un côté à l'autre de la Loire. Ils tuèrent
quelques Prussiens, firent cribler d'obus le faubourg qu'ils défendaient, inquiétèrent fortement le 18e corps, qui entendit toute la
journée la canonnade sur ses derrières, et furent définitivement re-
merciés de leurs services par le général Billot, satisfait de leur courage, mais fort embarrassé de leur indiscipline.

Le 18e corps marcha de Gien sur Wailly, où le quartier général
fut établi à la nuit.

Le lendemain, 9 décembre, le pont de Saint-Thibault, situé en
amont, près de Cosne, sautait aussi, mais sa destruction était beaucoup moins utile. Ce pont était un pont suspendu de cinq travées de
70 mètres chacune, avec tablier en bois ; sur l'ordre du général,
l'ingénieur avait fait brûler le tablier, ce qui remplissait parfaitement le but à atteindre, en supprimant radicalement le passage. Un
officier subalterne de cavalerie, envoyé pour s'assurer de l'exécution, trouva ce résultat insuffisant. Il exigea la destruction des piles.
L'ingénieur protesta ; mais le sous-préfet ayant pris le parti de l'officier, l'ingénieur leur remit la mèche. Ils mirent le feu aux pou-
dres, et ce bel ouvrage fut aussi détruit. Les Prussiens n'approchè-
rent jamais, du reste, et se tinrent toujours à plusieurs journées de
marche de ce pont. Il y eut dans cette affaire un malentendu regret-

table; mais il y eut sans doute, à cette époque, bien d'autres ruines
inutiles.

Nous quittâmes, le 9, Wailly, pour les Aix-d'Augillon, et finale-
ment pour Saint-Martin-d'Auxigny, près Bourges, où le 18e corps
put se reposer pendant quatre jours.

Je n'avais jamais encore vu de spectacle aussi lamentable que celui de cette armée, battant en retraite sur des routes gelées et en-
combrées par les voitures d'artillerie et de convois, dont les chevaux
s'abattaient à chaque instant. Toutefois, les souffrances de la fin de
la campagne devaient nous faire oublier bien vite celles de cette période. Il faisait un froid glacial. Ces mots se retrouveront bien souvent dans le cours de mon récit. Le froid forme toujours le fond du
tableau, et sert d'explication à beaucoup de nos revers.

Quant à un ordre quelconque dans les colonnes ou dans les convois, il n'en existait point. Les Français ne savent pas battre en retraite. Les régiments de marche, mais surtout les régiments de mobiles, laissaient en arrière une grande partie de leur effectif. Tout
le long de la route, les traînards formaient une file en désordre,
marchant à côté des colonnes compactes. Ces dernières même n'a-
vaient rien de militaire dans leur formation. Les traînards étaient
la plaie de ces armées. Sans cesse en arrière, quelquefois par fatigue, mais le plus souvent par indiscipline, ils ne rejoignaient leurs
corps que le jour de halte. Absents lors des distributions de vivres,
comme ils ne pouvaient mourir de faim, ils se répandaient dans les
fermes tout le long de la route pour y trouver à vivre. De là ce
désordre, dont la France a eu le spectacle, et en partie ces plaintes
contre l'intendance dont l'opinion s'est émue. Si les Prussiens
étaient venus nous attaquer pendant une de ces marches en retraite,
il eût été difficile de faire une résistance sérieuse. On appréciait
alors le mérite des destructions de ponts.

A Saint-Martin on se reforma et on se refit. Les traînards rallliè-
rent leurs corps. A partir de ce moment les troupes ne campèrent
plus, la saison ne le permettait pas; elles furent cantonnées ou bi-
vouaquèrent. Le cantonnement est le logement chez les particuliers;
le bivouac est la couchée en plein air, autour de grands feux.

M. Gambetta vint visiter l'état-major général du 18e corps. Les troupes ne se doutèrent pas de sa venue dans notre corps d'armée.

Le 18e corps, en quittant Saint-Martin, alla passer trois jours à Moulins-sur-Yèvre, non loin de Bourges, sur la route de la Charité. Il acheva de se mettre en état de reprendre l'offensive.

Les officiers utilisèrent le voisinage de cette ville pour compléter leur équipement. On a critiqué, je crois, le luxe et les bagages des armées de l'empire; les nôtres ne péchaient certes pas par ce défaut, nous semblions protester par notre dénûment contre les reproches qu'avaient adressés à nos devanciers les journaux et l'opinion publique. Certains bagages sont absolument nécessaires; ainsi les voitures divisionnaires qui portent les cartes et le matériel de bureau sont indispensables, et leur absence occasionnerait des lenteurs dans l'étude des itinéraires et l'expédition des ordres de mouvement; aucun corps ne peut s'en passer. Mais, quant à nos personnes, il était difficile d'être plus misérablement équipés que nous ne l'étions. Faute de voitures, beaucoup d'entre nous avons fait la campagne de l'Est sans bagages aucuns, avec nos chevaux, nos armes et les vêtements que nous portions sur le corps. On changeait en achetant et abandonnant, quand on traversait une ville; si, comme gloire militaire, nous avions beaucoup à envier aux armées de la première république, nous ne leur cédions nullement en simplicité et en pauvreté.

Quant à la nourriture, les privations n'atteignaient évidemment pas un certain degré. Par un hiver rigoureux, des hommes mal vêtus ne peuvent pas ne pas être suffisamment nourris. L'ordinaire du soldat se composait des éléments habituels : pain, viande, sucre, café et riz. Quelques distributions de vin et d'eau-de-vie ont parfois été faites.

Les officiers, qui touchaient des rations doubles, achetaient, en outre, des provisions, surtout quand ils pouvaient les emporter sur des chevaux ou des voitures d'artillerie. Dans les états-majors, la communauté de vie avec les chefs améliorait un peu la situation des officiers à ce point de vue, en les déchargeant en même temps de tout soin matériel, dont un seul d'entre eux est habituellement occupé; mais ce voisinage des supérieurs présente aussi des inconvénients : la nécessité de passer la nuit sous le même toit que les généraux, dans des habitations de dimensions insuffisantes, fait que les officiers de grade inférieur sont souvent beaucoup plus mal logés que leurs camarades cantonnés avec des troupes, dans des villages isolés. Il m'a paru que les francs-tireurs et les ambulanciers ont dû réaliser pour eux-mêmes les meilleures conditions de bien-être : les premiers, grâce à leur indépendance de la hiérarchie militaire et à leur séjour dans des localités éloignées des armées ; les seconds, grâce au caractère quasi sacré de leur mission. « Notre temps, me « disait un colonel d'état-major, me rappelle assez bien le moyen « âge : le bourgeois d'alors était plus ou moins rançonné, soit par « les routiers armés, coureurs de grands chemins, soit par les pieux « pèlerins qui demandaient l'aumône. Les routiers actuels sont les « francs-tireurs, et les ambulanciers me représentent les pieux pè- « lerins. » Il est vrai que ces deux classes de serviteurs du pays étaient toujours installées dans les meilleurs gîtes.

Enfin, après nous être livrés entre nous aux conjectures les plus diverses pendant cette semaine de repos, nous fûmes dirigés vers la Charité. Les comités de défense locaux avaient, en deçà de cette ville, accumulé sur la route des tranchées et barricades destinées à arrêter les Prussiens, qui, du reste, ne parurent jamais dans cette région. En revanche, ces obstacles auraient arrêté notre marche, si le génie n'avait passé toute une nuit à les démolir.

Arrivés à la Charité, après deux jours de marche, nous reçûmes bientôt avis d'un départ prochain pour une destination soigneusement tenue secrète.

## I V

Nous allions être dirigés sur la Franche-Comté. Une armée de 120,000 hommes, formée des 15e, 18e, 20e et 24e corps, placée sous les ordres du général Bourbaki, était envoyée en secret dans cette partie de la France pour combattre l'armée de Werder, la vaincre, débloquer Belfort, et puis sans doute entrer en Alsace ou peut-être même en Allemagne.

L'idée d'une campagne dans l'Est avait été depuis longtemps émise.

L'opinion publique elle-même semblait l'avoir inspirée. Il n'était question depuis longtemps que d'un certain tunnel, sur la ligne de l'Est, dont la destruction aurait indubitablement empêché le ravitaillement de l'armée devant Paris. D'ailleurs, pour délivrer cette place, le plan le meilleur ne paraissait-il pas être de couper les communications de l'assiégeant?

Le gouvernement pensait donc que les généraux Chanzy, à l'Ouest, avec 150,000 hommes, Faidherbe, au Nord, avec 60,000 hommes, Bourbaki, dans l'Est, avec 120,000 hommes, reliés entre eux par les armées secondaires placées dans les intervalles des leurs, attaquant simultanément les forces prussiennes, les diviseraient assez pour les battre séparément et les prendre entre eux-mêmes et l'armée de sortie que Paris devait renfermer. De cette façon, les Prussiens, cernés de toute part, au centre de la France, n'auraient plus eu que la capitulation pour ressource.

Si le plan eût réussi, le succès eût été complet sans doute. Mais il fallait ne pas perdre de vue combien une armée nombreuse, massée autour d'un point, aussi bien disciplinée que l'armée prussienne, pouvait facilement prendre ses mesures pour battre presque successivement, avec des forces supérieures, chacune des petites armées qui viendraient l'attaquer.

En ce qui concerne la campagne de l'Est, il paraissait assez indirect, pour débloquer Paris, de marcher sur Belfort, c'est-à-dire à l'opposé. On devait pressentir, d'ailleurs, que, dans ce pays de montagnes, classique dans les écoles au point de vue de ses avantages défensifs, le général Werder occuperait des positions formidables, d'où il pourrait attendre le secours d'une armée arrivant pour nous couper par derrière.

En un mot, il aurait été, suivant bien des avis, plus prudent, au lieu d'éparpiller tant d'armées sur de grands espaces, d'en former une seule, très-forte et très-nombreuse, qui eût marché sur Paris en masse compacte. Les plans de guerre doivent être subordonnés à la qualité des instruments dont on dispose et à la nature de l'ennemi que l'on doit combattre. L'armée prussienne était fortement centralisée entre les mains d'un chef habile, servi par d'excellents généraux. Ses troupes, admirablement disciplinées, marchaient à mer-

veille : la bataille de Sedan l'avait prouvé. Les nôtres étaient mal
organisées, difficiles à faire mouvoir avec ordre et régularité. L'exécution, par de pareilles troupes, d'un plan compliqué, ne pouvait forcément que laisser à désirer, et une guerre de manœuvres, de com-
binaisons, de marches de précision, devait en principe tourner à
notre désavantage.

Une fois le projet d'une campagne dans l'Est arrêté, l'emploi du
chemin de fer pour le transport des troupes rendit des services. Il
abrégea un peu la durée du trajet, sans diminuer beaucoup la fatigue des hommes, car ils souffrirent cruellement du froid pendant
ces premiers jours de janvier, où, sans paille et sans couvertures
supplémentaires, ils durent garder, dans les wagons où ils étaient
enfermés, une immobilité forcée. Plusieurs eurent des membres
gelés. Mais l'emploi du chemin de fer conserva l'effectif des corps
en supprimant les traînards, et il dissimula complétement notre
mouvement, qui eut été dévoilé très-vite si des corps d'armée
avaient traversé la France étape par étape.

L'embarquement du 18e corps eut lieu à la Charité, et le débarquement à Chagny.

Des trottoirs provisoires avaient été établis à la Charité pour l'embarquement du matériel et des chevaux, et toutes les dispositions
nécessaires prises pour rendre l'opération facile. Le personnel du chemin de fer[1] y déploya beaucoup d'activité et d'intelligence.

Deux officiers de l'état-major général et moi, sous les ordres
du colonel du génie Goury, avions été laissés en arrière pour sur-
veiller l'embarquement, en déterminer l'ordre, faire mouvoir les
troupes, régler avec le chef d'exploitation la composition et le départ
des trains. Le froid glacial des nuits rendait ce service extrêmement
pénible.

L'opération s'effectua sans encombre, mais non sans lenteur,
quoique tout fût disposé pour qu'elle pût être rapide. Le 20e corps
partait de Nevers en même temps que nous. Le matériel manquait,
ou ne nous arrivait pas ; il fallait l'attendre pendant des heures en-
tières et quelquefois pendant une journée. Aussi, l'embarquement

[1] M. Mitchell, chef d'exploitation ; MM. Jacqmin et de Lauriston.

de nos 30,000 hommes, 2,000 chevaux, 96 canons, dura cinq jours au lieu de trois ; le trajet exigea vingt heures au lieu de sept ou huit, tant était grand l'encombrement des voies sur le parcours et la gêne au débarquement. Le transport a duré en tout six jours au moins. Ce mode de déplacement par voie rapide n'a donc pas été relativement un chef-d'œuvre de rapidité. Il nous a donné une idée comparative de la discipline de nos hommes. La durée de l'embarquement d'un bataillon d'infanterie en dépend exclusivement et peut lui servir de mesure. Elle varie avec cet élément de vingt minutes pour les troupes de ligne, à une heure et demie pour certains mobiles.

Le 18ᵉ corps, débarqué à Chagny, marcha sur Saint-Jean-de-Losne et sur Auxonne, où nous le rejoignîmes nous-mêmes le 1ᵉʳ janvier 1871.

Notre corps d'armée devait entrer par Pesmes dans le département de la Haute-Saône, et marcher sur Vesoul en formant l'aile gauche de l'armée dont le centre et l'aile droite s'avanceraient parallèlement en suivant les vallées de l'Oignon et du Doubs.

Le lendemain, 2 janvier, nous avions à passer l'Oignon. Les deux ponts qui font communiquer ses rives, le pont de Pesmes et le pont de la Forge, avaient été détruits par les Prussiens. Le pont de la Forge, dont la réparation avait été déjà commencée par l'ingénieur de Dôle, ne pouvait être prêt que le lendemain, et il ne servit qu'aux convois. Le rétablissement immédiat du pont de Pesmes était impossible. Il fallait cependant, sous peine de perdre une journée de marche, franchir la rivière avant la nuit.

Heureusement le froid nous servit en cette circonstance. L'Oignon était gelé. L'infanterie tout entière passa sur une glace épaisse de vingt-cinq centimètres. On avait répandu de la paille sous les pieds des hommes, pour préserver la surface de l'usure résultant du piétinement. De temps en temps, par prudence, on déplaçait la piste.

Quant à l'artillerie et à la cavalerie, elles auraient dû attendre la réparation du pont de la Forge, s'il ne s'était, par bonheur, trouvé dans les magasins de la place d'Auxonne un vieil équipage de pont. Conduit sur place dans la matinée, il fut monté dans l'après-midi. Les bateaux durent être calfatés et la glace brisée pour les mettre à flot. En l'absence de pontonniers, les soldats du génie militaire, com-

plétement inexpérimentés pour ce genre de travail, furent chargés
de la pose. Ces conditions expliquent pourquoi le montage dura six
heures, bien que la rivière n'eût guère que 60 mètres de largeur.
Il y fut déployé néanmoins, malgré un froid vif, la plus grande
activité. Ainsi en était-il toujours de ce qui exigeait une organisation
matérielle. Elle était incomplète ou absente. Nous étions, comme
pour le transport en chemin de fer, obligés de consacrer beaucoup de
temps à une opération qui, dans des conditions normales, eût été
très-rapide et très-simple. Le résultat ne pouvait être obtenu qu'en
décuplant les efforts.

Un clair de lune éclatant favorisa le passage, qui s'effectua sans
encombre. Notre corps d'armée avait franchi l'Oignon, vu les circonstances, avec une rapidité relative. Le colonel Ritter, commandant
la 1<sup>re</sup> brigade de la 3<sup>e</sup> division se cassa la jambe. L'armée perdit
ainsi momentanément les services de cet officier brave et distingué,
pour qui la campagne finit alors qu'elle commençait pour nous. Il
n'y eut point d'autres accidents.

Nous continuons sans arrêt notre mouvement en avant. Nos étapes
successives sont Gy, Frasne et Mailley. Les Prussiens se replient devant nous en grande hâte, ils abandonnent Gray et semblent se concentrer sur Vesoul.

Les troupes étaient pleines de confiance. Leur moral était redevenu
ce qu'il était au début de la campagne de la Loire. Cette fuite préci-
pitée de l'ennemi augmentait encore l'ardeur de notre marche en lui
donnant le caractère d'une poursuite. Qui eût vu nos colonnes en
haillons cheminer sur les routes, eût peut-être désespéré de la victoire. Nous y marchions pourtant et nos soldats valaient mieux que
leur aspect. Ils se portaient en avant avec entrain, en assez bon ordre,
attendant impatiemment le moment d'une rencontre avec l'ennemi.

Il était facile d'étudier le mode de procéder des Prussiens dans
leurs rapports avec la population. Dans les villages où ils avaient
longtemps séjourné, ils avaient réquisitionné jusqu'à la ruine. Les
choses se passaient comme d'habitude entre le maire et le chef allemand. Je n'ai point entendu parler de pillages individuels ou d'ou-
trages aux personnes. La terreur qu'ils avaient systématiquement
inspirée servait merveilleusement leurs opérations de reconnais-

sance ou de ravitaillement. Elle était telle, qu'ils tiraient du pays un bien meilleur parti que nous à ce double point de vue. Dans certains villages même[1], déjà épuisés il est vrai, nous dûmes presque recourir aux menaces pour obtenir du maire et des habitants la livraison, à des prix raisonnables, de certaines provisions nécessaires à notre armée. Il était triste de songer que, défendant notre patrie et sur son territoire, nous ne pouvions, même en payant, nous procurer ce que l'ennemi obtenait gratuitement par le prestige de sa force et la rudesse de ses procédés.

Plus nous approchions de l'ennemi, plus l'activité et la vigilance augmentaient dans les états-majors. L'état-major est le moteur d'une armée. Les rouages en doivent marcher avec d'autant plus de précision que les mouvements de l'ensemble deviennent plus rapides et plus réguliers. La vie intelligente et active des officiers de cette arme, passant leurs journées à cheval, leurs nuits au travail ou à cheval encore, initiés aux opérations d'ensemble et aux projets des généraux, malgré les fatigues et les dangers qui s'y attachent dans les états-majors où l'on fait son devoir, est assurément des plus variées et des plus attrayantes. Elle a même, en dehors du champ de bataille, le privilége de certaines situations dont la vie civile ne peut donner l'idée. Rien ne rappelle mieux, par exemple, la large existence guerrière du moyen âge que le spectacle d'un grand château occupé par un quartier général. Les officiers circulant dans les appartements, l'activité de nuit et de jour, jusqu'au caractère des repas pris en commun, dans les vastes salles à manger, la veille ou le lendemain d'une action, toutes ces scènes évoquent, dans les imaginations cultivées, les souvenirs d'une autre époque et laissent dans la mémoire de ceux qui en ont été les témoins d'ineffaçables traces.

Ainsi étions-nous, par exemple, à Frasne-le-Château, occupant les appartements richement meublés de cette opulente demeure. Le général Werder venait de la quitter lui-même, et les noms de ses aides de camp étaient encore inscrits à la craie sur les portes de nos chambres. Je trouvai aussi dans la mienne une carte d'invitation aux bals de l'Hôtel de Ville. Ce singulier débris d'une époque fastueuse et

---

[1] Notamment à Penneciéres.

brillante venait étrangement contraster alors avec le triste héritage de guerre et de souffrances qu'elle nous avait légué.

Le surlendemain 5, le quartier général étant à Mailley, à une étape de Vesoul, il y eut quelques rencontres d'avant-postes. A Rosey, la 3ᵉ division perdit un instant une pièce de canon que le bataillon de soutien reprit aussitôt. Un de ses officiers d'état-major (M. de Neuflize) fut enlevé en faisant une reconnaissance. Sur la droite, à Levrecey, une compagnie d'infanterie envoyée en grand'garde dans ce village en fut délogée à la suite d'une attaque de forces supérieures.

Ces engagements étaient, du reste, sans importance. Nous rencontrions seulement les grand'gardes d'un corps assez considérable établi à Andelarre et à Andelarrot, et destiné à couvrir Vesoul. Beaucoup d'officiers auraient voulu marcher sur Vesoul. Un coup de main heureux pouvait nous livrer cette ville. Le général Bonnet demanda au général Billot l'autorisation d'attaquer les hauteurs qui dominaient Vesoul. Mais ce dernier, dont les mouvements étaient liés avec ceux du 20ᵉ corps, ne pouvait prendre sur lui de la lui accorder, et le grand quartier général était d'ailleurs trop loin pour aller y chercher des ordres et en revenir à temps. Bientôt la question fut tranchée d'elle-même : l'ordre arriva de marcher vers le sud, sur Pennecières et Montbozon, pour se diriger ensuite, avec le 20ᵉ corps, sur Villersexel.

Y eut-il faute commise en ne marchant pas sur Vesoul? Plusieurs le pensaient et le pensent encore peut-être. Les renforts arrivés d'Alsace n'étaient pas alors venus augmenter le nombre des soldats de Werder. Vesoul ne pouvait être occupé très-solidement, et une attaque avait de grandes chances de succès.

La prise de Vesoul ne m'a jamais paru en elle-même avoir une grande importance. Une affaire heureuse devant cette ville équivalait à celle que nous allions avoir trois jours après devant Villersexel. Toutefois, les conséquences en eussent été plus décisives en nous ouvrant vers Belfort une voie meilleure, avec le chemin de fer de Lure pour base d'opération et en nous faisant naturellement tourner les positions de la Lizaigne, que le plan suivi a eu pour résultat de nous faire heurter de front, comme nous le verrons plus loin.

## V

L'armée prussienne, après avoir évacué Vesoul, avait pris position entre Montbéliard et Villersexel ; elle occupait une ligne s'étendant de l'est à l'ouest, formée par une série de hauteurs dépendant en partie du bassin d'un affluent de l'Oignon.

Ainsi établie, elle faisait face à la masse de notre armée qui marchait sur Belfort ; elle couvrait donc cette place et en même temps la ville de Lure, par où passaient ses routes de communication avec la Lorraine et Épinal. Toutefois Werder avait surtout concentré ses forces vers Villersexel, soit parce que cette forte position était la plus rapprochée de Vesoul que ses colonnes évacuant cette ville à la hâte aient pu atteindre à temps, soit parce qu'il craignait d'être tourné de ce côté-là, notre corps ayant déjà menacé Vesoul.

Le 8 janvier au soir, après avoir passé un jour à Pennecières, nous étions arrivés à Montbozon, c'est-à-dire à une étape des positions occupées par l'ennemi.

Il s'était fortement établi en trois points principaux, formant devant nous une ligne droite, perpendiculaire à la direction de notre marche : c'étaient, à la droite Villersexel , au centre Moimay, à la gauche Marat. Ses éclaireurs occupaient, en avant de cette ligne, les villages d'Esprels et d'Autrey-le-Vay, formant une première ligne d'avant-postes destinés à le garder de notre côté.

La 1re division (Pilatrie) devait, en prenant la route de Montbozon à Esprels, occuper Esprels et Autrey, c'est-à-dire rencontrer nécessairement les forces prussiennes établies à Moimay et à Marat, à portée de canon de ces villages. La 2e division (Penhoat) marcherait sur Villersexel pour appuyer les opérations du 20e corps contre cette ville. Enfin la 3e division (Bonnet) resterait en réserve, et la division de cavalerie se tiendrait sous la main du général. Tel était le plan de bataille, sauf aux événements à venir le modifier.

La 1re division quitta à sept heures du matin Montbozon et arriva vers dix heures à Esprels, d'où ses têtes de colonnes délogèrent vite les dragons allemands qui occupaient ce village. Il existe tout près et

en avant d'Esprels une hauteur qui domine tout le pays ; je l'appelle-
rai, dans ce récit, le mont Esprels. L'artillerie divisionnaire fut immédiatement établie sur cette hauteur, une reconnaissance de cavalerie envoyée à Marat, et le 9ᵉ bataillon de chasseurs dirigé sur
Autrey-le-Vay, afin d'en chasser les avant-postes ennemis et d'occuper ce village. Le reste des forces de la 1ʳᵉ division, au fur et à mesure
de leur arrivée sur le champ de bataille, se formait un peu en arrière dans un pli de terrain, prêt à se porter aussitôt là où il serait
nécessaire.

Cependant la reconnaissance de cavalerie lancée contre Marat
avait été accueillie par une fusillade et avait dû se retirer. Bientôt
des colonnes d'attaque sortirent de Marat et se dirigèrent vers les
hauteurs, à gauche du mont Esprels. Le général Pilatrie fit occuper
par de l'infanterie les positions menacées et canonner les colonnes
assaillantes. Le tir des batteries du mont Esprels porta dans leurs
rangs un tel désordre, qu'elles durent se replier en toute hâte dans le
village. Du côté d'Autrey, les tirailleurs ennemis sortis de Moimay
occupaient les bois des Brosses et du Chamois, situés sur la gauche
entre ces deux villages, et menaçaient le 9ᵉ chasseur établi dans
Autrey.

Tel était l'état du champ de bataille, au moment où le général
arriva sur les lieux ; il y fut appelé par les premières décharges d'artillerie. Nous chevauchions avec lui, entre Montbozon et Esprels,
quand, vers dix heures, le canon commença à gronder du côté du
général Pilatrie et du côté du 20ᵉ corps, dans la direction de Villersexel. Il partit au galop, après nous avoir lancés dans toutes les
directions pour faire avancer les troupes et préciser leurs itinéraires.

A peine le général fut-il arrivé sur le mont Esprels, qu'il y établit
sa station de commandement à côté des batteries. Il fit renforcer les
positions menacées du côté de Marat, et même occuper ce village
par le 42ᵉ de marche. Il plaça le 73ᵉ mobile dans le bois de Chassey
et envoya dans Autrey un bataillon du 19ᵉ mobile pour y appuyer le
9ᵉ bataillon de chasseurs. Le chef de bataillon d'infanterie Liebermann, de son état-major, fut chargé du commandement des forces
destinées à défendre Autrey. En même temps, d'autres officiers
étaient expédiés de tous côtés pour hâter la marche des troupes en

arrière, et faire arriver sur le champ de bataille l'artillerie de réserve.

Cependant l'artillerie ouvrait son feu sur toute la ligne. Les Prussiens, de Moimay et de la grange d'Ancins, station en arrière, battaient Marat, Autrey et le mont Esprels, occupés par nous. On voyait en même temps sortir de Moimay des colonnes profondes qui paraissaient se diriger sur Villersexel. De notre côté, les batteries de la 1ʳᵉ division répondaient aux batteries prussiennes établies dans Moimay. Celles du 20ᵉ corps, établies à la ferme de Rollet, sur la rive gauche de l'Oignon, tiraient sur Villersexel et sur Moimay, pour protéger la marche de nos troupes sur Villers-la-Ville, à la droite de Villersexel.

Autrey devenait le théâtre d'un combat d'infanterie très-vif. Une colonne ennemie de 1,000 à 1,200 hommes, appuyée par une batterie d'artillerie, s'avançait de Moimay contre ce village. Une compagnie de francs-tireurs, placée en avant, avait fui et entraîné une compagnie de chasseurs, envoyée avec elle en tirailleurs. Le commandant Liebermann rallie les chasseurs, et, avec ses deux bataillons, se maintient dans le village. Un feu bien nourri, parti des barricades et des maisons, couvre le sol de morts et de blessés, et fait reculer les colonnes ennemies.

Bientôt pourtant la situation allait devenir critique pour les défenseurs d'Autrey ; car une seconde colonne, forte de 3 à 4,000 hommes, sortait de Moimay pour venir les attaquer.

A ce moment l'artillerie de réserve arrivait sur le champ de bataille et s'établissait sur le mont Esprels, à côté des batteries en action. Il était environ deux heures et demie[1]. A la gauche, du côté de Marat, l'artillerie seule était engagée, et le tir des pièces du mont Esprels nous assurait la conservation de ce village. A la droite, la 2ᵉ di-

---

[1] J'arrivais moi-même alors de Fontenois, à 12 kilomètres en arrière, où j'avais été envoyé vers l'amiral. En arrivant sur la hauteur, comme si un rideau était subitement levé, on apercevait en entier le champ de bataille. Le mont Esprels domine toute la contrée. L'horizon est limité au loin par les Vosges méridionales. Leurs formes arrondies se profilaient sur un ciel sans nuage. A nos pieds, les villages, les bois, les colonnes d'infanterie, les lignes de tirailleurs elles-mêmes, se détachaient distinctement en sombre sur le tapis de neige qui couvrait le pays. On pouvait voir bien qu'à 1,500 mètres tomber les blessés. Le tir des batteries

vision n'était pas encore arrivée devant Villersexel, où le 20ᵉ corps combattait vigoureusement depuis le matin. De ce côté l'action n'était donc pas encore engagée pour nous. Tout l'intérêt du moment allait se concentrer pendant quelques heures sur les positions d'Autrey et de Moimay.

J'ai dit que le village d'Autrey était menacé par une forte colonne de 3 à 4,000 hommes, et que les batteries de réserve venaient d'arriver au mont Esprels. Le général Billot met aussitôt ces batteries en action : elles ouvrent leur feu sur Moimay, Marat et les batteries ennemies, qui tiraient sur le 20ᵉ corps. Deux fois l'artillerie prussienne établie près de Moimay doit se taire, et deux fois elle recommence la lutte.

Cependant le combat continue dans Autrey. Le général me donne l'ordre de prendre avec moi un second bataillon du 19ᵉ mobile, d'entrer dans le village et d'y appuyer les troupes qui s'y défendent. Dans ce village se trouvaient déjà le 9ᵉ chasseurs et un premier bataillon du 19ᵉ mobile. Bientôt cependant, les colonnes ennemies commencèrent à plier. Le tir bien dirigé des batteries du mont Esprels les prenait d'écharpe et de flanc. Le feu de notre infanterie leur faisait éprouver des pertes considérables ; elles ne tardèrent pas à abandonner le plateau et à rentrer une seconde fois dans le bois des Brosses et dans Moimay.

A ce moment nous sortons d'Autrey et nous occupons le bois en y plaçant des lignes de tirailleurs.

Le feu avait cessé depuis quelques instants. Le général Robert, avec sa brigade, arrive alors dans Autrey, et cet officier général prend le commandement.

Le général Billot paraît lui-même sur le plateau, pour reconnaître la position de Moimay. Trahi par la présence de son escorte, il essuie une fusillade qui, heureusement, ne l'atteint pas. Avec sa clairvoyance habituelle, il redoute un effort considérable de l'ennemi

couronnait les hauteurs d'un nuage de fumée. La fusillade et l'incendie remplissaient Autrey et Villersexel à travers leurs arbres. Enfin, par-dessus tout, la voix si imposante du canon, et le sifflement des projectiles traversant l'espace sur nos têtes, venaient donner à ce tableau, pour un spectateur peu habitué à des scènes semblables, le caractère d'une imposante grandeur.

contre Villersexel, et songe à attirer sur Moimay une partie de ses forces. Pour les diviser, il se décide donc à une attaque contre Moimay, afin de marcher ensuite, après avoir enlevé ce village, vers le pont de Villersexel.

Il envoie un officier porter au général Robert l'ordre d'attaquer le village. L'assaut avait été préparé par une canonnade de deux heures. Mais l'artillerie doit produire, comme préparation à un combat d'infanterie, un double effet, démoraliser l'ennemi et inspirer confiance aux troupes. Or, le tir du mont Esprels, à 1800 mètres en arrière, avait pu démoraliser les Prussiens, mais était resté sans effet aucun sur les troupes de la brigade Robert, récemment arrivées, qui voyaient devant elles les pièces prussiennes et ne voyaient point les nôtres. L'infanterie commet quelquefois cette erreur d'appréciation.

Le général Robert dispose habilement ses colonnes formées de troupes du 44ᵉ de marche, pour occuper le bois et ensuite s'emparer du village ; mais il m'envoie en même temps chercher des batteries de réserve pour les installer sur le plateau en avant d'Autrey, vis-à-vis du cimetière.

Bientôt les colonnes, maîtresses du bois, marchent contre le village. Les Prussiens, des maisons et du cimetière, dirigent contre leurs têtes une vive fusillade qui les arrête dans leur élan.

Cependant les batteries arrivent, malgré les obus lancés contre elles pendant le trajet; elles attendent dans un pli de terrain. Sur le plateau en avant règnent une épaisse fumée et une pluie de balles qui sifflent d'une manière continue. Des soldats sont couchés à terre. Toutefois, en se portant en avant, au milieu de la fumée et des projectiles, on peut distinguer le clocher et repérer tant bien que mal la direction du tir.

Mais alors le général Robert apprécie qu'il est trop tard pour engager un combat d'artillerie et tenter un second assaut. Bientôt le feu cesse de part et d'autre; la nuit arrive; il est environ six heures du soir.

Pendant que la suite de ces évènements se déroulait ainsi au centre et à la gauche, que se passait-il à la droite, du côté de Villersexel?

4

Le 18e corps commençait à y être fortement engagé, alors que partout ailleurs la vivacité de l'action allait, peu à peu, en diminuant.

Nous avons dit que la 2e division (amiral Penhoat) devait marcher contre Villersexel, en suivant la rive gauche de l'Oignon, pour appuyer les opérations du 20e corps contre cette ville. Cette division occupait à Fontenois des cantonnements étendus ; ses convois n'avaient pu la rejoindre dans la matinée : on n'avait pu ni distribuer des vivres aux hommes, ni partir à sept heures. L'amiral avait détaché alors en avant une colonne légère formée de trois bataillons et de deux batteries, pour se diriger à marches forcées vers Villersexel. Le reste de ses troupes suivait, en arrière, aussi vite que possible.

A quatre heures et demie, la colonne légère arrivait devant cette ville et y trouvait une partie du 20e corps aux prises avec l'ennemi. Ce corps d'armée y combattait vigoureusement depuis plusieurs heures. Il avait pris, perdu et repris certaines positions que les Allemands nous disputaient avec la plus énergique ténacité.

Les tirailleurs du 47e de marche (20e corps) attaquent à ce moment la partie sud de la ville. Ils sont appuyés en arrière par un bataillon du 52e de marche (18e corps). Ces troupes s'emparent de ce quartier jusqu'à l'église, et parviennent à s'y maintenir.

A six heures du soir, arrive l'amiral avec le reste de sa division. Il se met à la disposition du général Clinchant, commandant le 20e corps, qui lui donne l'ordre d'attaquer le château et les bas quartiers de la ville.

Un bataillon du 52e est lancé aussitôt dans les rues, et, malgré une vive fusillade, pénètre jusqu'au pont de l'Oignon.

Cependant la nécessité de reporter ses forces sur la droite fait laisser en ce point à l'amiral, par le commandant du 20e corps, la direction du détail de l'attaque. Le 47e de marche est replié vers huit heures, après avoir vaillamment supporté jusqu'à ce moment l'effort du combat, et le 92e de ligne reste chargé d'appuyer le 52e de marche, que l'ennemi embusqué derrière les murs de clôture du parc du château tient en échec. Un bataillon du 92e de ligne pénètre dans le parc. L'amiral, que sa bravoure héroïque lance dans toutes les situations périlleuses, entraîne ses hommes et reçoit des balles dans ses vêtements. Le parc et le château sont enlevés à la baïonnette. Les Prussiens mettent le feu au château en l'évacuant ; de tous côtés, ils sont en fuite. Nos soldats les culbutent dans la rivière. On peut voir à la lueur de l'incendie leurs morts et leurs blessés rouler du haut en bas de l'escarpement qui borde la rive, et s'entasser indistinctement sur la berge. Quelques officiers et soldats du 20e corps, prisonniers dans un étage du château, où ils se défendaient vigoureusement, sont délivrés.

Un second bataillon du 92e occupe la ville jusqu'au pont.

A dix heures du soir, le combat avait cessé dans Villersexel ; mais il continua pendant toute la nuit, jusqu'à quatre heures du matin, entre nos troupes maîtresses de la ville et l'ennemi rejeté au delà du pont et défendant encore le faubourg. L'artillerie seule mit fin à cette lutte, qui fut le dernier acte de résistance de l'ennemi vaincu.

Du côté d'Esprels la nuit avait suspendu l'action, devant Moimay et dans Autrey. Le général Robert occupait le bois des Brosses, à 100 mètres des sentinelles prussiennes. Toutefois, sur la gauche, à la faveur de l'obscurité, des colonnes ennemies attaquèrent Marat, que l'artillerie du mont Esprels ne protégeait plus à distance ; elles délogèrent trois compagnies du 42e qui, se repliant sur un bataillon de soutien, l'entraînèrent. Le général Billot, qui s'était rendu sur les lieux, et le colonel de ce régiment durent reconduire ce bataillon sur ses positions.

La bataille était gagnée. Le général de Werder fit évacuer Moimay entre deux et trois heures du matin. Villersexel pris, Moimay ne pouvait tenir. Les Prussiens battaient de toutes parts en retraite et avaient perdu toutes leurs positions.

Le 18e corps n'avait guère que 1300 hommes hors de combat.

Le lendemain matin, le quartier général s'établissait à Villersexel. Le combat de la veille avait laissé dans cette ville de sanglantes traces. Les morts n'étaient pas encore enlevés. Dans la rue qui mène du pont au sommet de la ville, et de là à l'église, gisaient entre les pieds de nos chevaux, étendus dans des flaques de sang, des cadavres raidis et défigurés par la souffrance. Les Prussiens, grâce à leurs casques aux ornements cuivrés, avaient seuls l'air de guerriers morts. Sous les haillons qui couvraient nos hommes, on cherchait s'il y avait bien un soldat. Plusieurs maisons avaient été incendiées avec les corps des Allemands tués ou blessés en les défendant. Ces cadavres brûlés exhalaient une odeur empestée sans analogie avec rien de connu. Le magnifique château du marquis de Grammont avait été complétement livré aux flammes et n'était plus qu'une ruine. Dans la maison même où le quartier général fut installé, il fallut d'abord éteindre l'incendie qui avait gagné un pavillon voisin, essuyer le sang répandu dans le vestibule et enlever les morts oubliés dans le jardin. L'aspect de cette ville était horrible.

Telle avait été la bataille de Villersexel, en ce qui concerne la part glorieuse qu'y prit notre corps d'armée à côté du 20ᵉ, son vaillant frère d'armes. La victoire avait été vigoureusement disputée. Les positions avaient été prises, perdues, reprises. L'ennemi attachait à leur conservation une importance considérable. Elles en avaient, en vérité, une très-grande au point de vue stratégique. Le général de Werder, en les perdant, avait perdu ses communications avec la Lorraine, par Lure et Épinal. Il allait être obligé de se placer entre Belfort et notre armée victorieuse.

La rivière de Lizaigne, qui coule du nord au sud, de Chenebier à Montbéliard, lui offrait précisément dans cette région une belle ligne de défense, formée par une série de hauteurs difficiles à forcer et commandant bien leurs approches. Il marcha aussitôt pour s'y établir et se renfermer, en attendant l'arrivée de Manteuffel sur nos derrières, dans une attitude défensive.

Nous étions dans Villersexel, le 9 au matin. La journée fut consacrée à donner du repos aux troupes de la 2ᵉ division, qui avaient combattu dans cette ville toute la nuit, et pour laisser aux autres divisions, restées à Autrey et à Esprels, le temps d'arriver.

La journée du 10 dut être sacrifiée pour permettre aux convois de nous rejoindre. Le mauvais état des attelages, de la ferrure, des chemins, ne leur avait pas permis de suivre les troupes. Une reconnaissance offensive est ordonnée sur Aillevans, à quelques kilomètres au nord de Villersexel. Le colonel Gratreaud, des bataillons d'Afrique, la commande, et ses troupes l'exécutent. Nous ne trouvons dans ce village qu'un peloton de uhlans. Il nous échappe; le feu de

nos soldats ne peut en abattre un seul. Nous apprenons seulement
que l'ennemi est en force aux Aynans, à une étape de Villersexel.

Le 11, l'armée se remet en marche, et le 24ᵉ corps s'empare d'Ar-
cey après un combat d'artillerie. Nous marchons ensuite sur la Ver-
genne, Moffans, Faymont, en nous enfonçant dans une région de plus
en plus montagneuse.

Il est à remarquer que nous avions perdu la journée du 10 à nous
reposer ou à faire un court trajet, et celle du 11 à attendre des convois. Certains pensent que si l'on eût vivement poursuivi l'ennemi,
afin de l'atteindre aussitôt après la bataille, il n'eût pu s'installer
sur les versants de la Lizaigne, et que sa défaite fût devenue une déroute.

Assurément, il y a toujours avantage à profiter sans aucun délai, et
de la façon la plus complète, des résultats d'un combat; et bien que,
vu la saison et l'état des chemins, il n'y eût pas à compter sur des
manœuvres de vitesse, cependant une poursuite rapide, si elle eût
été possible, eût beaucoup ajouté aux conséquences de la victoire.

Toutefois, bien que battus, les Prussiens se retiraient en ordre.
Ils ne paraissaient même pas s'éloigner très-vite. Le 10, ils avaient
envoyé des éclaireurs essuyer le feu de nos avant-postes; le 11, ils
étaient en force aux Aynans, comme notre reconnaissance l'avait
prouvé, le 12, à Gouhenans, avec de l'infanterie. Tous ces villages
ne sont guère qu'à une étape en avant de Villersexel. Dans le pays
de gorges et de montagnes où nous allions nous jeter, il leur eût été
très-facile, avec peu de troupes habilement disposées, de couvrir une
retraite.

Je ne crois donc pas que ces deux jours nécessairement perdus
aient exercé une influence capitale sur les destinées de notre armée.


## VI


L'armée du général de Werder, que nous estimions à 60,000 hommes, chiffre obtenu par l'arrivée des garnisons d'Alsace et de renforts
venus d'Allemagne, s'était établie sur la rive gauche de la Lizaigne,
de Montbéliard à Héricourt, et d'Héricourt à Chenebier.

L'armée française, formée, de la droite à la gauche, des 15e, 24e, 20e et 18e corps, occupait la rive droite de cette rivière. Le 18e corps constituait ainsi l'aile gauche de l'armée. Renforcé par la division Cremer (12,000 hommes et cinq batteries), placée pour la circonstance sous les ordres du général Billot, il comptait environ 40,000 hommes.

Entre les Prussiens et nous, aux bords de la Lizaigne, on rencontrait, de la droite à la gauche, les villages de Couthenans, Luze, Chagey, Chenebier ; puis en deçà, et de notre côté, Étobon, devant Chenebier ; et Beverne, devant Étobon.

La rive droite de la rivière est formée par une région montagneuse, couverte d'une forêt dite de la Thure ou d'Apremont. Elle s'étend de Beverne à Couthenans. Les villages désignés plus haut sont situés au fond de la vallée, par conséquent sur le bord de la forêt, plus ou moins loin de la lisière. La grande route de Lure à Héricourt traverse ces bois, mène à Couthenans, après avoir envoyé des embranchements sur Luze, Chagey, Étobon et Chenebier.

Les débouchés de la forêt sur Chagey, Luze et Couthenans sont commandés par une hauteur qui s'élève en face et les domine. C'est le mont Vaudois. Les Prussiens y avaient établi des batteries de position, munies de canons à grande portée, abrités par des épaulements et enfilant tous ces débouchés.

Du côté de Chenebier, les versants de la vallée ont moins de relief. Le bassin est très-large. Les troupes ont pour manœuvrer beaucoup d'espace ; elles peuvent se déployer sans être dominées. Chenebier formait l'extrême gauche de la ligne de bataille. Il était fortement occupé par les Prussiens.

Les opérations militaires de ces trois journées de combat sont très-faciles à suivre. Dans un pays de montagnes accidenté, les corps engagés sont séparés les uns des autres par des mouvements de terrain, et paraissent remplir des tâches distinctes. Rien ne semble, au premier abord, plus confus que le récit d'une action en plaine ; mais devant Belfort les situations des corps sont nettes, et leurs mouvements très-intelligibles.

Le 15 au matin, la 1re division est dirigée sur Luze et Couthenans, la 3ᵉ sur Chagey, et la division Cremer sur Étobon. La 2ᵉ division doit rester en réserve à Beverne. La cavalerie éclaire la gauche du côté de Lure et s'établit à Clairegoutte pour prévenir de ce côté toute tentative de mouvement tournant.

Toutes ces divisions prennent, pour gagner leurs positions de combat, la grande route de la forêt, qui devient la principale artère de toute circulation, de tout mouvement de troupes, comme aussi le seul lieu de stationnement possible pour les réserves d'artillerie. L'action commence dans l'après-midi du 15 janvier, et les engagements ont lieu comme il suit dans cette première journée, de la droite à l'extrême gauche du 18ᵉ corps.

A la droite (Couthenans), la 1ʳᵉ division se porte sur ses positions. Le général Billot marche en avant avec son état-major, pour reconnaître les lieux. A peine sommes-nous aperçus au sortir des arbres, qu'une batterie ennemie nous envoie une décharge. On s'espace aussitôt, et on fait vite rentrer sous bois l'infanterie qui suit. Ce sont les premiers coups de canon de la journée. Cette promptitude à tirer, cette précision même, nous révèlent immédiatement tout le système de défense des Prussiens : enfiler nos débouchés par le feu permanent d'une artillerie formidable, et empêcher quoi que ce soit d'en sortir.

A partir de ce moment, les batteries ennemies ne cessent de diriger un feu violent contre la sortie du bois, contre sa lisière, et même d'envoyer des obus assez loin en arrière pour atteindre les troupes que les Prussiens y présument établies.

Cependant les trois batteries montées de quatre de la 1ʳᵉ division sortent de la forêt et prennent au plus vite position en avant, sur un plateau situé entre Luze et Couthenans. Les pièces sont espacées le plus possible, pour donner moins de prise à l'ennemi. Elles font taire du côté des Prussiens une batterie de campagne, mais souffrent tellement du feu des batteries de position, qu'au bout de deux heures de combat, elles ne peuvent plus conserver en ligne que deux pièces chacune.

L'infanterie n'est pas engagée. Elle s'établit dans le village de Couthenans, que l'ennemi n'occupe pas. Toutefois, elle perd une soixantaine d'hommes par les éclats d'obus qui couvrent la route et la lisière du bois. Ces éclats d'obus, en brisant les branches des arbres, produisent un bruit qui effraye les hommes non moins que le sifflement bien connu de ces projectiles. Nous ne pouvons nous-mêmes maintenir en ligne quelques compagnies de mobiles, dont il est impossible de faire mouvoir les hommes, blottis derrière les arbres. Mauvais terrain de combat que les bois, avec de trop jeunes troupes! La surveillance en est trop difficile.

Non loin de là, le colonel de Rancourt, du 73ᵉ mobile, a son cheval tué sous lui et reçoit du même coup plusieurs blessures légères. Des artilleurs appartenant à des batteries tenues en réserve, des médecins qui passent, sont blessés sur la route même, à une grande distance en arrière.

Au centre (Luze), le général fait établir sur une petite butte, dans la forêt, en arrière des batteries de la 1ʳᵉ division, les deux batteries de douze de la réserve. Elles maintiennent avec succès leur feu jusqu'à la nuit, sans grandes pertes.

Les troupes de soutien, bien que très-espacées, ont encore là quelques hommes blessés. La batterie de mitrailleuses laissée assez loin en arrière sur la route, perd aussi plusieurs hommes de la même façon.

A la gauche (Chagey), la 3ᵉ division livre un combat d'infanterie très-meurtrier. La brigade Goury, divisée en trois colonnes, dont l'une est commandée par le général Bonnet en personne, attaque Chagey, et, malgré une vive fusillade, parvient à s'emparer des premières maisons du village, en couronnant les crêtes de chaque côté. Mais l'artillerie allemande enfile ces colonnes et les empêche d'avancer. Elles gardent néanmoins leurs positions.

La 2ᵉ brigade, colonel Bremens, occupe le plateau en avant et à l'est de Chagey.

A trois heures du soir, les Prussiens prennent l'offensive et essayent un mouvement tournant sur la gauche. Il est repoussé par tous les bataillons entrant en ligne. L'ennemi démasque alors une batterie de position qui éteint le feu des batteries de la 3ᵉ division, en leur infligeant des pertes sensibles.

En résumé, cette division avait dirigé contre Chagey une vigoureuse attaque d'infanterie, ayant en tête son meilleur régiment, le

4ᵉ zouave. Après des pertes comprises entre 600 et 1,000 hommes, et la mise hors de combat de beaucoup d'officiers, la colonne d'attaque avait dû reculer. Elle gardait cependant ses positions en deçà du village de Chagey.

A l'extrême gauche (Étobon), le général Cremer, établi dans ce village, engage un combat d'artillerie avec l'artillerie prussienne de Chenebier. Il se porte ensuite entre Chenebier et Chagey, pour appuyer l'attaque de la 3ᵉ division. La nuit arrive; il est alors attaqué lui-même dans l'obscurité; mais après une fusillade d'une demi-heure, l'assaillant se retire.

La nuit, du reste, vient partout suspendre l'action. Cette journée, en elle-même, avait été sans résultats; elle nous montrait seulement d'une manière évidente le système de défense des Prussiens, la puissance de leur artillerie de position, et en même temps combien leurs lignes allaient être difficiles à forcer avec de l'infanterie. L'échec de la colonne lancée contre Chagey, le chiffre des pertes si rapidement éprouvées par elle dans son attaque, étaient des enseignements significatifs.

Pendant la nuit, l'artillerie des deux armées construit des épaulements. Les troupes qui ont combattu se reposent, et nous-mêmes, revenus à Beverne, nous pouvons goûter quelques heures d'un sommeil nécessaire.

Quand une position est très-forte, on renonce à l'attaquer de front; on la tourne par les côtés. Le centre de notre armée faisant face aux positions ennemies, c'était aux ailes (15ᵉ et 18ᵉ corps) à tourner la position. Nous nous étions assurés nous-mêmes qu'une attaque de front devant Luze ou Chagey était fort difficile. Mais il n'était pas aisé de tourner les lignes ennemies; il aurait fallu un mouvement d'ensemble vers le nord de notre armée tout entière, du côté du mont Salbert. Ce mouvement découvrait nécessairement nos communications avec Besançon; le tenter, c'était s'exposer à ce danger grave. Peut-être eût-on pu l'essayer? Encore, dans un pays de montagnes aussi escarpées, il était probable qu'un défilé imprévu nous aurait arrêtés quelque part. On ne peut manœuvrer sans cesse en évitant toujours les difficultés; il arrive nécessairement un moment où une rencontre est inévitable. Mais il fallait au moins ne pas être tournés nous-mêmes, ce qui était possible, notre ligne de bataille étant moins longue que celle de l'ennemi. Il devenait urgent, soit pour nous garder contre un mouvement offensif de cette nature, soit pour rendre libre la totalité de nos forces, destinées à donner l'assaut au mont Vaudois, de nous emparer de Chenebier, qui menaçait notre gauche.

Il fut donc résolu que, dans la journée du 16, l'artillerie de la 1re division et les batteries de réserve répondraient seules à l'artillerie ennemie devant Couthenans et Luze, et que les divisions Cremer et Penhoat auraient à s'emparer de Chenebier.

La journée du 16 s'annonçait comme la précédente; le temps était beau, mais aussi très-froid.

Je suis détaché auprès de la division Penhoat, ce qui me permet de prendre part aux événements de cette journée.

Le village de Chenebier, situé à 2,000 mètres environ d'Étobon, occupe une assez grande surface sur un terrain accidenté qui, dans l'intérieur même du village, présente plusieurs mamelons.

La division Penhoat arrive à Étobon à onze heures du matin. L'amiral reconnaît les lieux. Le général Cremer, sur la droite, entre Chenebier et Chagey, avait déjà engagé un combat d'artillerie avec Chenebier. L'amiral fait placer une batterie sur un plateau situé en avant du village et un peu sur la droite, une autre en échelons près du cimetière. La 2e brigade (Perrin) prend position sur le revers d'un petit mamelon à droite. La 1re brigade (Perrot) s'engage dans la vallée par où passe la route du bois de Chombreux à Étobon.

L'amiral fait placer deux pièces sur une butte élevée, de manière à prendre d'écharpe les batteries prussiennes. Il établit précisément en arrière et tout près de ces pièces sa station de commandement.

Le feu s'ouvre. Les Prussiens tirent mal sur la batterie du plateau, dont ils ne peuvent sans doute repérer la position sur leurs cartes. Cependant deux coups longs tuent ou blessent une douzaine d'hommes. Ils tirent sur les batteries de la butte avec une remarquable précision; mais, dans une neige molle, beaucoup d'obus n'éclatent pas. Le général Cremer, sur la droite, canonne aussi le village.

Le combat d'artillerie durait ainsi depuis une heure et demie entre le village de Chenebier fortement armé, et les divisions Cremer, à droite, Penhoat à gauche, quand arrive le général Billot, qui donne l'ordre d'attaquer avec de l'infanterie.

Sur la droite, le général Cremer lance le 56ᵉ et le 86ᵉ de marche (brigade Millot), deux bataillons du 85ᵉ mobile et le bataillon de la Gironde, commandant de Carayon-Latour (de la brigade Caroll-Thevis).

Sur le front s'avancent les tirailleurs du 12ᵉ bataillon de chasseurs et du 92ᵉ de ligne. L'amiral marche à leur tête.

Sur la gauche marchent le reste du 92ᵉ de ligne et le 52ᵉ de marche. Le chef d'état-major, colonel de l'Épée, à côté de qui je me trouve, dirige cette troisième colonne.

Les clairons sonnent la charge; les colonnes se précipitent en avant, au milieu de la fusillade et de la fumée. Attaqués de tous côtés, presque cernés, abordés avec beaucoup d'élan par les soldats du corps Cremer qui les rencontrent les premiers, les Prussiens reculent et battent en retraite sur Échavannes. Un bataillon du 57ᵉ de marche (division Cremer) les poursuit et les serre de près; mais, arrivé dans Échavannes, l'ennemi lance des obus contre cette colonne, au moment où elle débouche du bois, et l'oblige à s'arrêter. L'amiral renonce à regret à la poursuite, qu'il abandonne devant la nécessité de s'installer défensivement dans le village, où il fait arriver son artillerie.

Cette opération, vivement menée, avait parfaitement réussi. La division Cremer, qui avait joué un rôle décisif dans l'affaire, venait de se faire connaître à nous comme une troupe pleine de valeur.

La 2ᵉ division resta dans le village. La division Cremer reprit sur la droite la position qu'elle avait avant le combat.

La journée avait été bonne; le but proposé était atteint : Chenebier était pris. La division Cremer ou la division Penhoat (car une d'elles suffisait pour garder Chenebier) allait devenir disponible pour le lendemain, journée destinée à une attaque générale du mont Vaudois. L'exécution de ce projet fut dérangée de la manière suivante.

Dans la matinée du 17, le quartier général étant à Étobon, on entend, vers quatre heures du matin, une vive fusillade du côté de Chenebier.

A la faveur de la nuit, les troupes prussiennes s'étaient avancées près du village par la droite et le bois d'Échavannes. Elles avaient alors subitement attaqué en un point où se trouvait cantonné un bataillon de mobiles. Bien que les sentinelles eussent, paraît-il, fait leur devoir, les mobiles, épuisés de fatigue, lents à se préparer, avaient été enveloppés sans opposer de résistance. Deux compagnies étaient prisonnières. Maître d'une partie de ce grand village, l'ennemi manœuvrait pour s'emparer de la route d'Étobon et isoler du reste du corps d'armée la division qui défendait Chenebier.

Il s'engagea aussitôt un combat, qui fut meurtrier, entre les assaillants et les défenseurs de Chenebier. Le 52e de marche, le 92e de ligne, chargèrent à la baïonnette et reprirent les positions perdues. L'amiral fit lancer des obus contre les colonnes qui menaçaient d'envelopper le village. Enfin, après une lutte sanglante, vers onze heures du matin, les Prussiens étaient en fuite et Chenebier repris, ou plutôt conservé.

La division Cremer, dont une grand'garde seule fut attaquée pendant ce combat, avait été immobilisée, attendant dans ses positions qu'elle fût requise pour secourir au besoin l'amiral. Ces troupes, qui auraient dû être libres dès le matin, ne furent ainsi redevenues disponibles que vers une heure de l'après-midi.

En prévision d'une attaque générale contre le mont Vaudois, l'artillerie de Couthenans, de Luze et de Chagey avait ouvert son feu dès le matin; la batterie de mitrailleuses de la réserve d'artillerie avait même été engagée devant Couthenans.

Le temps avait subitement changé. Vers dix heures du matin, il était tombé une pluie torrentielle qui détrempait le sol, mouillait les hommes, et avait soulevé un épais brouillard sur la vallée de la Lizaigne, de manière à gêner la précision du tir de l'artillerie, et surtout à empêcher d'en apprécier les effets.

Cependant l'issue du combat qui se livrait dans Chenebier n'était plus douteuse : le moment arrivait où, conformément aux ordres du général en chef et au plan général de la bataille, une attaque décisive devait avoir lieu contre les positions du mont Vaudois.

Le général Billot envoie un de ses officiers (le commandant auxiliaire Bixio) au grand quartier général, à Aibre, auprès du général

Bourbaki, pour lui faire part des dispositions d'attaque qu'il comptait adopter, lui en communiquer les détails, lui en signaler les difficultés, et en même temps lui demander l'appui de quelques troupes de réserve.

Il m'envoie en même temps auprès du général Bonnet, commandant la 3ᵉ division, pour lui porter l'ordre d'attaquer Chagey, c'est-à-dire un des côtés du mont Vaudois. Si j'insiste sur ces détails, c'est qu'ils se rapportent au nœud même de notre situation militaire dans cette bataille, et au moment certainement le plus critique de toute la campagne.

Le général Bonnet, officier général intrépide et très-aimé des troupes, donne aussitôt des ordres pour préparer l'attaque. Mais il ne me dissimule pas que les Prussiens ont encore, pendant la journée et pendant la nuit, fortifié leurs ouvrages de défense, que son meilleur régiment, le 4ᵉ zouaves, lancé l'avant-veille, plein d'ardeur et de confiance, dans des conditions bien meilleures, a fait d'énormes pertes sans réussir à enlever même le village. Il ne croit pas le succès possible, et un désastre lui paraît certain. Il me prie d'en informer le général Billot.

Je retourne au quartier général communiquer ces observations au général Billot, qui me renvoie à toute bride à la 3ᵉ division pour faire différer l'attaque. Bientôt après, accompagné de son état-major, il se rend lui-même dans la forêt, à la croisée de la route de Chagey, puis se dirige vers Couthenans.

Il était trois heures environ. J'étais resté à la croisée des routes avec l'état-major de la 3ᵉ division. La pluie continuait à tomber par torrents, quand nous voyons arriver par la route d'Aibre, qui passe à Couthenans, le général Bourbaki, le général Billot, leurs états-majors et leurs escortes.

Les généraux descendent de cheval et il se tient, séance tenante, un conseil de guerre entre le général Bourbaki, le général Billot et le général Bonnet. Le chef d'escadron d'artillerie Brugère, aide de camp du général Billot, y est appelé à donner son avis.

Ce n'était pas, en vérité, sans une certaine émotion que nous attendions nous-mêmes ce que ce groupe de quelques hommes discutant dans ce bois allait décider. Nous avions déjà vu tous d'assez chaudes affaires, mais nous savions très-bien que si l'ordre d'attaque était donné, avec la nécessité d'entraîner les troupes, la moitié d'entre nous devait mourir.

La discussion dura un quart d'heure. Il en sortit l'ordre de retraite, et désormais tout fut fini. Le but de la campagne était manqué.

Le lendemain 18, nous battions en retraite, en bon ordre, par Champey, sur Besançon. Le général de Brémont d'Ars, avec sa cavalerie, ses batteries et les bataillons d'Afrique, eut à Clairegoutte, en fermant la marche, une affaire d'arrière-garde où il repoussa vigoureusement une attaque de forces très-supérieures. Nous ne devions plus revoir les Prussiens que le dernier jour, à la Cluse.

Telle fut cette bataille dite d'Héricourt, qui, à proprement parler, ne fut pas une bataille livrée, mais un assaut tenté contre de très-fortes positions. Au centre et à la droite, le résultat des opérations militaires était à peu près le même. Des colonnes avaient essayé de franchir la Lizaigne à Bétancourt, Buisserel, Héricourt et Saint-Valberte. Je ne sais si leur attitude fut plus ou moins énergique que la nôtre, mais, comme nous, elles échouèrent contre les effets meurtriers des pièces de position de l'artillerie ennemie. Ce résultat était déjà acquis au moment où la question du parti à prendre fut agitée pour l'aile gauche et résolue dans le sens de la retraite.

Nous devons ajouter que l'armée de Manteuffel arrivait sur nos derrières pour nous barrer le passage. Ce général lui-même, parti en avant de ses troupes, commandait, disait-on, en personne l'armée d'Héricourt.

En examinant l'alternative d'attaque ou de retraite, je suis porté à faire les réflexions suivantes :

Si l'attaque avait été tentée et eût échoué, l'armée essuyait un complet désastre. Les pertes auraient été énormes. Nos solides troupes écrasées et nos bons officiers mis hors de combat, le reste se désorganisait complétement. La rigueur du climat, le mauvais état des chemins, la défection inévitable dans le cœur des hommes de tout sentiment de courage et de confiance, livraient nécessairement à une poursuite un peu active la plus grande partie de nos soldats et de nos canons. L'armée de Manteuffel s'emparait de ce qui aurait échappé à celle de Werder.

D'un autre côté, se retirer comme nous le faisions, c'était s'avouer vaincu, préférer l'équivalent d'une défaite certaine à la perspective d'une déroute possible, livrer l'armée à une démoralisation inévitable, et avec les troupes de Manteuffel à combattre encore dans de mauvaises conditions, ou à éviter au prix de grandes souffrances et de difficultés de toute sorte, marcher vers une ruine moins éclatante peut-être, mais au fond tout aussi réelle. En présence d'une situation pareille, ne valait-il pas mieux pour une armée tenter la fortune par un coup d'audace, ou finir toute entière sur le champ de bataille, que d'aller péniblement disputer aux fatigues et à la captivité les restes d'une existence désormais inutile au pays?

Je place la question sur le terrain de la valeur personnelle des troupes, officiers et soldats. Les positions à enlever étaient assurément très-fortes et très-bien défendues. Leur aspect le révélait, et, d'ailleurs, l'expérience faite par la 3e division, en attaquant Chagey sans succès, le confirmait d'une manière suffisante. Néanmoins, si au lieu d'avoir une armée formée en partie de mobiles dont les meilleurs manquaient de solidité, et en partie de régiments de marche parfaitement commandés, il est vrai, mais dont les quelques officiers de mérite auraient été bien vite frappés dans une affaire très-meurtrière, nous eussions eu sous la main une armée seulement à moitié composée de vieux régiments de ligne, fermes et aguerris, l'attaque aurait dû être tentée. Mais alors, sauf de rares troupes bien solides et quelques officiers intrépides, la masse n'était capable de supporter que des épreuves moyennes, comme le combat à égalité de nombre ou à égalité de positions avec l'ennemi. Il y avait donc, dans le parti de l'attaque, les plus grandes chances possibles à courir d'un échec, c'est-à-dire d'un désastre, et si certains peuvent regretter que ces chances n'aient pas été courues et qu'un coup d'audace n'ait pas été tenté, il n'en est pas moins vrai, qu'à mon sens, la responsabilité du commandement est absolument couverte à cet égard.

La rencontre de positions pareilles était une conséquence naturelle du plan stratégique qui nous avait conduit dans l'Est. Nous avions choisi la région la plus montagneuse de France pour venir attaquer un ennemi qui avait à s'y défendre. Il était tout naturel de le trouver renfermé dans des positions formidables.

Notre corps d'armée, toutefois, s'était toujours courageusement battu dans les divers engagements qu'il avait eus avec l'ennemi. L'artillerie avait maintenu son feu avec beaucoup de fermeté, malgré l'infériorité de portée de ses pièces. L'infanterie avait résisté à de fortes épreuves dans l'attaque de Chagey. Elle avait emporté Chenebier avec un grand élan et l'avait reconquis avec beaucoup d'intrépidité. Le 18e corps se retirait, démoralisé sans doute, mais en ordre, compacte et très en état, comme il l'a prouvé plus tard, de rentrer bientôt en ligne.


## VII


Le 18 janvier nous étions à Champeix, le 19 à Melecey, le 20 à Rougemont, le 21 à Marchaux et le 22 à Besançon, cantonnés dans le village de Saint-Claude, attenant aux faubourgs de cette ville.

Cette retraite s'effectua sans encombre. Nous perdîmes seulement les services de notre chef d'état-major général, le colonel Gallot, dont le cheval cassa la jambe en s'abattant sous lui sur la glace. Il fut remplacé par le colonel de Sachy.

Une fois arrivés sous Besançon, il s'agissait de ne pas nous laisser envelopper autour de cette place par les forces concourantes de Werder et de Manteuffel, qui marchaient les unes vers les autres en manœuvrant pour nous cerner.

Deux partis étaient à prendre : ou bien nous diriger sur Auxonne, de manière à culbuter les colonnes de Manteuffel et à déboucher dans la vallée de la Saône : ou bien nous jeter, comme nous l'avons fait, dans les montagnes, en gagnant Lyon par Pontarlier.

Le premier parti nous ouvrait la voie d'un pays riche, au climat plus doux, où les souffrances eussent été moindres et où le ravitaillement devenait facile au moyen de la ligne de Lyon. Mais il fallait courir les chances d'un combat. S'il eût été heureux, peut-être eût-il rendu à l'ensemble de notre armée défaillante sa confiance et son énergie. Il était bien tard alors pour qu'un succès pût entraîner d'autres conséquences qu'un dégagement pur et simple de notre ligne de retraite. Le général Billot était d'avis de prendre cette voie.

La seconde solution nous jetait dans un pays de montagnes, au milieu de l'hiver le plus rigoureux qu'il y ait eu depuis longtemps, inconvénient difficile à apprécier complétement par ceux qui n'ont pas vu de près les montagnes. Elle réservait à cette armée déjà désorganisée une série de souffrances et d'épreuves physiques difficiles à supporter ; elle reculait bien en arrière du côté de Lyon, notre point de ralliement. Mais elle évitait les chances d'un combat.

L'armée, considérée dans son ensemble, pouvait-elle raisonnablement les affronter ? Il y avait là, comme devant Héricourt, une question de valeur propre et d'état moral des hommes sujette à des appréciations diverses. L'armée se composait de quatre corps : je n'ai vu de près que le 18e. Quant à lui, il est toujours resté capable de combattre comme par le passé, même dix jours plus tard, à la Cluse, en plein armistice. On aurait pu le mettre en avant et il se serait battu comme il l'avait fait jusqu'alors.

Quoi qu'il en soit, le commandement supérieur choisit la voie de la retraite par les montagnes. Je ne sais quelles raisons présidèrent à sa détermination, ni de quelles discussions elle put être précédée.

Un commissaire civil se trouvait à Besançon à ce moment. A-t-il exercé une influence ou une pression sur la décision ? Nous n'en savons rien. Les secrets des conseils de guerre restent renfermés dans leurs enceintes ; l'armée les ignore, reçoit leurs ordres, les exécute, en apprécie les résultats, mais ne peut qu'en soupçonner les motifs.

On nous annonça à Saint-Claude, où nous étions établis depuis cinq jours, la nouvelle de notre départ prochain. Bien que la solution choisie ne fût pas celle que nous désirions voir adopter, néanmoins on se réjouit de partir, uniquement pour ne pas rester à Besançon. Beaucoup d'officiers craignaient les tentations de séjour que donnent aux troupes démoralisées le voisinage et l'abri des places fortes, et redoutaient déjà pour nous une fin analogue à celle de l'armée de Metz.

Le 26 au matin, nous partons de Besançon et nous nous dirigeons vers Nancraye pour dégager la route de Pontarlier par Ornans, la laisser libre aux autres corps et prendre nous-mêmes en arrière-garde celle qui passe à Étalans, Fallerans, Nods et Doubs. Le chemin est encombré par les voitures, l'artillerie et les convois. Les généraux et leurs états-majors veillent eux-mêmes de la manière la plus active à la circulation de leurs propres corps d'armée et presque à la police de leurs convois. Nous sommes occupés à ce service, quand nous rencontrons près du tunnel, sur la route d'Ornans, le général Bourbaki, à pied, entouré de son état-major, debout sur un des accotements du chemin, et assistant au défilé de ses troupes et de son matériel. Le général en chef avait l'air profondément abattu.

Dans la nuit du même jour, il tentait de se suicider. Cette nouvelle nous est annoncée le lendemain et nous cause une impression bien douloureuse. Nous essayons de la cacher aux troupes ; mais la voix publique la leur apprend. Elle leur révèle une situation militaire désespérée. Le commandement de l'armée, dans le plus triste état où une armée puisse se trouver, passe aux mains du général Clinchant.

Nous nous dirigeons ensuite de Nancraye sur Fallerans et de Fallerans sur Doubs, où nous arrivons le 28 au soir.

Nous traversons ainsi une région de plateaux élevés, exposés à un froid glacial et sans abri contre le vent. Les routes étaient complétement couvertes de neige. Le génie civil des corps d'armée avait bien eu soin de déblayer le milieu de la chaussée pour permettre le passage de l'artillerie, mais il était de nouveau tombé de la neige, et les hommes, en bien des endroits, y enfonçaient encore jusqu'au pieds et sur les accotements jusqu'à mi-jambe. Le déplorable état dans lequel se trouvaient le vêtement et la chaussure augmentait encore leurs souffrances et allait exciter bientôt la sympathique pitié des Suisses.

Les distributions de vivres ne pouvaient se faire régulièrement. Les chevaux des convois mouraient de fatigue ou de faim, ou ne pouvaient traîner leurs chargements sur des routes gelées et à fortes rampes. Beaucoup de voitures étaient laissées en arrière. Quant aux hommes, plusieurs perdaient leurs colonnes et, affaiblis par les souffrances et les privations, ne pouvaient les rejoindre. Le pays ne présentait que peu de ressources. Quand le pain manquait, on le remplaçait par de la viande grillée.

Tout le long des routes, les cadavres des chevaux morts, abandonnés sur la neige, attestaient le passage des corps d'armée.

C'est après une marche pareille que nous venions d'arriver à Doubs, à quelques kilomètres au nord de Pontarlier. Nos divisions étaient cantonnées dans les villages voisins, lorsque nous reçûmes la nouvelle de l'armistice.

L'armistice était tout à fait à notre avantage. Chanzy battu, Faidherbe battu, Paris tombé, les opérations de notre armée devenaient sans intérêt, et des succès mêmes eussent été alors sans importance. Il fallait seulement pouvoir nous échapper vers le sud avant d'être coupés et enveloppés de ce côté aussi. La conservation d'une armée de cent mille hommes ayant fait campagne et n'ayant jamais, à proprement parler, essuyé de défaite, doublait les moyens de défense qui restaient à la France et fortifiait son attitude dans les négociations de paix qui allaient nécessairement s'ouvrir.

Notre retraite pouvait s'effectuer d'elle-même, sans le secours d'un armistice, mais au prix de grands sacrifices. Il fallait marcher à grandes journées, quel que fût le temps, suivre les chemins quels qu'ils fussent, envoyer sans doute en Suisse beaucoup de canons, laisser bien des traînards en arrière, faire souffrir nos hommes du froid et de la faim, par conséquent en perdre beaucoup. Au contraire, avec l'armistice et la liberté de mouvement derrière la ligne de nos avant-postes, qui en était la conséquence, cette marche difficile allait s'effectuer comme à loisir, de manière à diminuer par sa lenteur les inconvénients qui résultent toujours de la vitesse.

Tout mouvement en arrière est donc arrêté, et comme il importait, pour le ravitaillement et le cantonnement des troupes, d'étendre autant que possible autour de nous la ligne de nos avant-postes, le général envoie aussitôt en avant des officiers sur toutes les routes, avec ordre d'occuper le plus de pays possible au nom de l'armée française, en notifiant l'armistice à l'ennemi dès qu'ils le rencontreraient.

Des parlementaires partent ainsi dans toutes les directions. Le colonel Vincent, chef d'état-major de la cavalerie, va même de sa personne jusqu'à Besançon, en prenant possession de la route par des détachements de hussards.

Nos parlementaires sont accueillis, aux avant-postes prussiens, par des officiers qui acceptent au premier abord la notification.

Était-ce croyance sincère de leur part dans l'armistice? Était-ce manœuvre calculée pour nous tromper?

Ce qui est certain, c'est que Manteuffel s'avançait toujours vers
l'ouest et le sud, et faisait savoir à un parlementaire de grade élevé,
envoyé par le général en chef, que l'armistice ne s'appliquait pas à
notre armée. Il faisait mieux : il surprenait, à Chaffois ou à Sombacour, une brigade appartenant à je ne sais quel corps établi dans notre
voisinage, et s'emparait des chefs et des soldats se reposant sur la
foi de l'armistice.

On télégraphie aussitôt à Bordeaux pour demander des explica-
ions. Il est répondu que Manteuffel a raison, et que l'armistice ne
s'applique pas à l'armée de l'Est.

Fatale méprise! Nous avions perdu plus d'un jour, trompés par
une dépêche du gouvernement. Le temps est précieux dans une retraite et les Prussiens savaient l'employer. Quant au moral de nos
hommes, il ne pouvait évidemment résister à de pareilles secousses.
Quelle confiance devaient-ils conserver dans leurs chefs, après de
telles erreurs! Notre situation en dehors de cette suspension d'armes, mais surtout le malentendu dont nous avons été les victimes,
est une des circonstances les plus inexplicables de notre fatale destinée.

Nous n'en étions pas moins, en attendant, complétement coupés du
côté du sud. Pour sortir de Pontarlier dans cette direction, il faut
prendre la route qui mène à Mouthe et de Mouthe à Saint-Laurent.
Or cette route n'était plus en notre pouvoir, les Prussiens occupant
Foncine, un peu au delà de Mouthe. Cette voie était la seule praticable aux voitures d'artillerie et à une armée dans son ensemble.
Il y avait bien une autre route, par les montagnes, conduisant de
Mouthe à la Chapelle-des-Bois et de là à Morez et au pays de Gex.
Mais ce dernier chemin était absolument impraticable, même à des
piétons, par le mauvais temps. Avec le beau temps il ne pouvait être
suivi que par des fantassins porteurs de leurs vivres ou peu nombreux, car le pays était sans ressources pour en nourrir beaucoup.

Dans cette situation, à bout de vivres, commandant à une armée affaiblie par la souffrance et démoralisée par la retraite, le général Clinchant signa avec l'autorité suisse une convention nous per-

mettant l'entrée du territoire neutre de la confédération. L'ordre fut
donné de prendre cette direction avec armes et bagages. Mais, comme
le général en chef ne voulait livrer à l'ennemi ni un soldat ni un
canon, la retraite devait être couverte, et le 18ᵉ corps, renforcé par
la brigade de réserve générale, fut désigné pour cette honorable et
périlleuse mission. Les qualités militaires de notre général, la com-
pacité de nos troupes très-convenablement maintenue, notre bonne
réputation dans l'armée, nous avaient sans doute valu d'être
choisis.

Pour combattre en pareille circonstance, il faut une grande énergie.
Le soldat qui meurt, meurt pour un but. S'il périt dans une bataille
dont il ne connaît pas encore l'issue, il espère la victoire et a le droit
de penser qu'il y contribue par son sacrifice individuel. S'il suc-
combe en couvrant une retraite au commencement d'une grande
guerre, il peut croire qu'il sert à empêcher un désastre et à conserver une armée à son pays ; mais il n'en était pas de même alors : les
hostilités étaient partout suspendues, toutes les armées étaient au
repos. La continuation de la guerre semblait chose absolument impossible. La conclusion d'une paix nécessaire paraissait évidente et
la France s'occupait déjà d'en désigner les signataires. Nous allions
combattre, nous, pour la neutralisation d'un matériel de guerre,
pour la captivité suisse au lieu de la captivité prussienne ; nous exposer encore une fois aux balles, afin de jeter un dernier reflet d'honneur militaire sur les derniers moments d'une armée déjà à moitié
prisonnière et sur la défense d'une cause désormais sans espoir.

Un grand découragement s'était emparé des troupes. Comme nous
étions loin des espérances conçues à Juranville ! La nouvelle de l'armistice avait été accueillie par les soldats avec la plus grande satisfaction. Ils y voyaient la fin des souffrances du moment : quand le
physique est aussi cruellement atteint, le moral est bien malade.
Avant même que l'armistice ne fût connu, il n'était question dans
les rangs que de capitulation ou d'entrée en Suisse. Ces propos auxquels se mêlait le triste mot de trahison, si malheureusement popu-
larisé par les proclamations du gouvernement, venaient déchirer le
cœur de beaucoup d'officiers, hommes de devoir, qui avaient à faire
marcher et allaient bientôt avoir à faire combattre des hommes déjà

si ébranlés dans leur dévouement et dans leur ancienne confiance en leurs chefs.

Heureusement le sentiment de l'honneur militaire était demeuré vivace et énergique dans l'âme de beaucoup d'officiers du 18ᵉ corps. Nous trouvions que trop d'hommes avaient succombé aux fatigues, et trop peu sur les champs de bataille pendant la durée de cette triste campagne. La nouvelle de la prise faite à Sombacour d'un nombreux corps de troupes, dont les Prussiens avaient renvoyé les soldats en les désarmant, nous avait vivement émus. Nous désirions dès à présent une revanche, en attendant celle que Dieu veuille réserver bientôt à notre patrie! Aussi ce fut avec une vive satisfaction que la perspective d'une dernière journée de combat fut envisagée par nous. C'est dans ces sentiments que nous nous mîmes en marche vers Pontarlier.

La route de Pontarlier en Suisse se dirige du nord au sud, de Pontarlier au village de la Cluse, qui est situé au pied des deux forts de Joux et de Larmont. Puis elle se dévie brusquement de l'ouest à l'est, traverse le village de Saint-Pierre, bâti au delà des forts, et entre en Suisse aux Verrières. Les deux forts, placés en face l'un de l'autre, sont construits sur deux gigantesques rochers complétement à pic. Entre les deux, passent la route et le chemin de fer. La brèche est si peu large qu'il y a exactement place pour ces deux voies et pour le ruisseau. On ne saurait voir un défilé plus étroit. En deçà et au delà, la vallée s'élargit. Le canon des forts enfile complétement la route vers la Suisse, car ils ont été établis en vue d'une attaque de ce côté. Vers la France, ils commandent beaucoup moins bien leurs approches. La hauteur et la verticalité des roches qui leur servent de base les isole complétement d'un combat d'infanterie qui se livrerait à leurs pieds.

C'est cette route, qui servait de ligne de retraite à nos troupes et que nous devions défendre. Elle pouvait être tournée par le nord, attaquée par les derrières du côté de Pontarlier, par le sud-ouest du côté d'Oye, et enfin coupée par le sud aux Fourgs. Cependant il était probable que l'ennemi arriverait du côté de Pontarlier. Le général fit garder le nord par le 12ᵉ chasseurs à pied, la route de Pontarlier par une brigade de la 1ʳᵉ division établie à la Cluse et par la brigade de réserve générale, Oye par la division de cavalerie appuyée d'une brigade d'infanterie, enfin les Fourgs par la 3ᵉ division. Les précautions les plus complètes étaient donc prises.

Depuis deux ou trois jours, la route de Verrières était couverte par les hommes, les chevaux, les canons et les voitures de convois appartenant aux corps d'armée qui passaient la frontière. Le soir du 31 janvier, l'encombrement était tel qu'un cavalier, porteur d'un ordre, ne pouvait circuler et devait mettre pied à terre.

Les Prussiens avaient certainement connaissance de cette situation. Leurs espions devaient la leur avoir révélée. Ils pouvaient prévoir qu'il restait encore de l'artillerie en arrière et se rendaient aisément compte de la difficulté de nos mouvements au milieu de ces embarras et de ce désordre. Ils avaient du moral de notre armée une assez médiocre idée, et ne comptaient pas sur la résistance. Ils marchaient donc contre nous en toute hâte, confiants dans un facile et brillant succès.

Le 1ᵉʳ février au matin, toutes les troupes avaient évacué Pontarlier; mais la route des Verrières n'était pas dégagée, elle était encore couverte par une triple file de voitures, s'acheminant lentement vers la frontière. Heureusement parmi ces voitures, dont la queue était inévitablement destinée à tomber aux mains de l'ennemi, il n'y avait ni canons ni matériel de guerre, mais seulement des bagages et des charrettes de réquisition.

A dix heures du matin, nous voyons très-distinctement, à 2 kilomètres environ, du côté du nord, des colonnes prussiennes se diriger vers la ville. Elles se détachent en longues files noires, sur la neige qui couvre le pays. La brigade de réserve générale, commandée par le général Pallu de la Barrière, et composée du 29ᵉ et du 38ᵉ de marche et d'un régiment d'infanterie de marine, est restée dans la ville et doit former notre extrême arrière-garde. Le général Billot lui donne l'ordre de ne se replier qu'au contact de l'ennemi, de marcher lentement vers le col de la Cluse, d'en occuper et d'en défendre les versants du côté de Pontarlier, en y transportant tout l'effort de la résistance.

Vers midi, le combat commence. La brigade Pallu de la Barrière a pris position en avant du village. Le corps prussien du général Zaastrow, établi sur le plateau qui s'élève en face du col, ouvre sur nos troupes un feu violent et lance des obus qui tombent sur la route, au delà des forts : le canon de ces derniers fait taire bientôt les batteries ennemies. Mais les décharges de mousqueterie et d'artillerie produisent sur les voituriers une panique telle, que tout le convoi se ranime et se précipite du côté de la Suisse pour s'éloigner en toute hâte. Malheureusement ce mouvement gagne les troupes d'infanterie déployées au delà du col; elles sont refoulées jusqu'aux premières maisons du village de la Cluse.

Les troupes refoulées reviennent à la charge, conduites par leur général; elles essayent de gravir les pentes escarpées de droite et de gauche. Un feu meurtrier les décime. Elles perdent là le chef de bataillon, de Beaupoil de Saint-Aulaire.

Il fallait bien reconquérir l'espace perdu. Une colonne fraîche du 44e de marche, commandée par le colonel Achilli, est lancée en avant par le général Billot. Elle refoule les Prussiens et les fait reculer jusqu'à 500 mètres en arrière. Le colonel Achilli est tué à la tête de ses troupes. Le commandant Gorincourt, du 44e, tombe bientôt aussi mortellement frappé.

Cependant les Prussiens cessent tout à coup le feu. Un officier supérieur se détache de leurs lignes et se dirige vers le général Robert, qui commandait la 1re brigade de la 1re division du 18e corps, à laquelle appartenaient les troupes engagées avec la brigade de réserve. L'officier prussien lui déclare que toute résistance est inutile, qu'il est tourné et qu'il ne lui reste plus qu'à se rendre.

« Il nous reste du moins à mourir honorablement », répond avec fierté le général Robert, qui donne dix minutes au parlementaire pour rejoindre ses lignes.

Au bout de dix minutes, le feu recommence de part et d'autre plus vif que jamais. Les troupes de la brigade de réserve, après avoir supporté tout l'effort du commencement de l'action, se replient à bout de munitions. Le 42e et le 44e de marche soutiennent dès lors seuls l'attaque. Le village avait été barricadé par la section du génie de la 1re division, qui avait dû faire le coup de feu au début de l'action. Sur les plateaux, à hauteur des forts, l'amiral, avec le 52e de marche et le 77e mobile, se maintient jusqu'à la nuit, malgré une vive fusillade. Cependant pour remplacer les mobiles qui lâchent pied et redescendent les versants sans ordre, le 92e de ligne est rappelé des Verrières. Dans le village, embusqués derrière les maisons, nos soldats répondent avec calme et sang-froid au feu plongeant des Prussiens, qui tirent de la lisière d'un bois, mais ne peuvent avancer. On tire encore à cinq heures du soir; ce sont les derniers coups de fusil que la France échange avec sa mortelle ennemie; les balles en sifflent même à nos oreilles. La nuit vient et nous quittons alors, avec le général, ce village où un bataillon reste de garde pendant que nous nous retirons à Saint-Pierre pour fixer et expédier l'ordre de départ.

Du côté d'Oye, où commandait le général de Bremond d'Ars, il avait dû repousser également une attaque tentée contre lui, par des troupes venant de Pontarlier. Les assaillants avaient été pris de flanc et tournés par deux compagnies des bataillons d'Afrique. La colonne ennemie s'était retirée après avoir fait de grandes pertes.

A la Cluse, les pertes prussiennes avaient dû être considérables. Au début, ils s'étaient avancés à couvert derrière les voitures des convois; mais on n'attaque pas un défilé fortement défendu sans y laisser bien des hommes. Nous avions perdu, de notre côté, environ 1,300 tués ou blessés, dont 700 environ de la brigade de réserve. Un colonel et deux chefs de bataillon avaient été tués. Le colonel Couston, du 42e de ligne, et deux chefs de bataillon, dont un d'état-major, étaient blessés. La proportion considérable d'officiers supérieurs atteints montre clairement qu'il avait été besoin d'entraîner les troupes.

Nous avions à déplorer, de notre côté, la perte de l'héroïque lieutenant-colonel Achilli. Sorti de la légion étrangère, cette école de vigoureux officiers, il était venu commander le 44e de marche, et semblait avoir communiqué à ce régiment toute l'intrépidité de son âme. Depuis deux mois, il allait au feu avec deux blessures ouvertes. Je garderai longtemps le souvenir de cet homme de guerre que je rencontrais habituellement dans les marches, à la tête de ses colonnes, avec un bras en écharpe, des vêtements en désordre, une physionomie calme et triste : sur sa figure semblait se peindre le présage de sa fatale destinée.

Telle fut cette dernière affaire, combat d'infanterie brillant et meurtrier. L'ennemi, qui avait en deux points attaqué notre cordon de défense, avait été partout repoussé. Il perdit tout désir de venir troubler notre retraite, qui s'effectua tranquillement pendant la nuit, par la route des Verrières pour l'ensemble du corps d'armée, et par la route des Fourgs pour la 3ᵉ division.

A trois heures du matin, les troupes arrivent à Verrières-France, à quelques minutes de la frontière. L'entrée en Suisse et le désarmement doivent commencer au point du jour. Elles font du feu et attendent dans le village.

De notre côté, nous nous établissons dans une maison du village et occupons une pièce au rez-de-chaussée. Un poêle, une table, une lampe rustique, quelques chaises, garnissent cette salle, lieu de notre dernière réunion pendant ce dernier jour de l'existence militaire du 18ᵉ corps. Plusieurs, épuisés de fatigue, s'étendent sur le parquet et s'endorment en attendant le jour.

Cependant les chefs des divers corps de troupes entrent successivement pour annoncer au général l'arrivée de leurs hommes. Ils s'asseyent, se chauffent et causent quelques instants. Les physionomies sont différentes. Plusieurs, comme le brave colonel des bataillons d'Afrique, fondent en larmes, profondément émus par la pensée du désarmement. Pourquoi faut-il qu'une aussi douloureuse épreuve leur ait été réservée au milieu d'une carrière commencée et parcourue au temps de notre ancienne gloire militaire? Quelle humiliation après tant de sang versé dans l'histoire autour de nos drapeaux! Beaucoup sont impassibles. L'attitude générale est grave et triste, car la perspective d'un désarmement exécuté même par les mains amies de nos hôtes, est faite pour porter dans des âmes françaises l'amertume et le deuil.

Il existait dans l'ordre de mouvement, prescrivant l'entrée en Suisse, une clause spéciale qui permettait aux officiers et aux corps isolés, sans enfreindre la discipline, de rester en France en s'échappant par les montagnes. La séparation décidée en principe par l'autorité suisse, entre les officiers et les soldats destinés à être internés, et dès lors l'inutilité pour les troupes du voisinage de leurs chefs, avait sans doute motivé l'introduction d'une pareille clause dans l'ordre de marche.

Une colonne de 350 zouaves de la 3e division, commandée par le colonel Goury, du génie, et le lieutenant-colonel de Boisfleury, était déjà partie depuis cinq heures, en suivant cette voie. Le général Pallu de la Barrière avec 60 hommes résolus avait aussi pris le même chemin. Ces deux corps de troupes et quelques officiers isolés, sans quitter le sol français, sont arrivés à Lyon, après plusieurs jours de précautions, de marches forcées, de fatigues et de privations.

La plupart des chefs de corps étaient néanmoins très-embarrassés devant l'initiative que leur laissait la clause. Ils se demandaient de quel côté était le devoir? Le général Billot évitait de leur donner toute indication de nature à gêner leur initiative et à paraître leur commander un parti.

Cependant le jour s'est levé. Le défilé commence. Le désarmement a lieu avec lenteur. Les vieux soldats sont émus, les jeunes jettent leurs armes comme des gens qui s'en débarrassent. Le général est encore là. Bientôt, il envoie son chef d'état-major (colonel de Sachy) au général en chef, ne garde avec lui qu'un seul aide-de-camp, et nous congédie en nous donnant entière liberté d'action.

Mêlés aux troupes, quelques officiers déguisés en paysans franchissent la frontière.

Verrière-Suisse est une fourmilière humaine : on n'y voit que des soldats français ou suisses. Ces derniers seuls, par leur équipement, semblent appartenir à une nation civilisée. Les nôtres, fatigués par l'émotion du combat, par la nuit passée au froid, paraissent encore plus défaits que de coutume. Des trains partent à chaque instant de la station du chemin de fer, emportant dans l'intérieur du pays nos soldats et nos officiers vers les stations d'internement. La route de Neuchâtel jusqu'à Florier est couverte par l'artillerie, qui chemine lentement vers ce point.

La population fait aux troupes un accueil touchant. Dans tous les villages, les femmes et les jeunes filles apportent aux soldats qui passent sur la route, de quoi boire et manger, et le leur offrent avec la plus cordiale sympathie. On sent dans leur empressement une profonde commisération pour nos malheurs. Il semble que ce peuple, chez lequel la guerre, reléguée aux origines de son histoire, n'a pas été, comme en France, un instrument permanent de grandeur nationale, doit éprouver peut-être encore une plus grande horreur pour ses maux et une plus vive pitié pour ses victimes.

Comme il nous paraît doux et nouveau, après deux mois de vie de camp, de fatigues, de séjour au milieu de populations ruinées et terrifiées, de voir autour de nous l'image du bien-être, du calme et de la paix. Ceux qui n'ont pas ainsi subitement passé de l'une à l'autre de ces deux existences ne peuvent certainement en apprécier le contraste.

Bientôt, en France, les élections eurent lieu ; l'Assemblée fut convoquée, la paix décidée et le retour des prisonniers en fut la conséquence. Mon récit s'arrête naturellement avec les événements militaires qui en font l'objet.


# VIII


J'ai présenté au début de cet écrit quelques observations relatives aux causes politiques, morales, et en quelque sorte fatales de nos défaites. Du récit qui précède ressortent clairement les raisons purement militaires qui les expliquent et les circonstances auxquelles on doit les attribuer.

Nous avons déjà dit que les plans généraux de défense nous paraissaient avoir été conçus par des stratégistes plus préoccupés du désir d'augmenter les résultats de la victoire, que familiers avec les moyens de l'assurer. Ainsi trois armées avaient été envoyées aux points les plus éloignés possible, en laissant entre elle de grands espaces vides. Elles avaient pour tâche de faire simultanément diversion aux opérations de l'armée de siége de Paris, dont on espérait aussi voir sortir la garnison. Elles devaient refouler autour de cette place la grande armée de siége, la diviser en l'obligeant à faire tête à la fois de plusieurs côtés, et en définitive l'envelopper de toute part, en lui coupant ses lignes de retraite. Or les Allemands avaient battu ces armées et même cerné l'une d'elles, la nôtre, réduite à chercher un refuge sur le territoire d'un pays neutre. Telles avaient été les conséquences d'un plan qui rappelait par son principe les dispositions prises au début de la campagne et au commencement des hostilités.

La guerre reste toujours l'image de ce jeu savant où des pièces se déplacent sur un échiquier. Le joueur habile peut espacer ses positions et combiner des coups à grande portée qui ruinent son adversaire. Mais ce système ne souffre aucune médiocrité et ne laisse place à aucune faute. Si le joueur inexpérimenté, ou bien celui qui a déjà perdu ses pièces maîtresses, veut suivre les mêmes méthodes, et persiste à ne pas manœuvrer de la manière la plus serrée, il se prépare d'inévitables désastres. Les merveilleux effets produits par ces mouvements tournants, qui coupent ou enveloppent des armées, sont la conséquence d'opérations militaires ayant pour base le nombre, et à défaut la qualité parfaite et la grande mobilité des troupes. Or nous apprécierons plus loin la valeur de nos troupes considérées dans leur ensemble ; nous verrons qu'elle était assez médiocre, et quant à la mobilité, il ne fallait pas y songer pendant un hiver rigoureux, avec des soldats mal équipés, et des routes gelées où l'artillerie et les voitures ne circulaient que très-difficilement[1].

Les plans de campagne ne doivent pas résulter de conceptions théoriques et rester indépendants des qualités ou des défauts propres aux troupes chargées de les exécuter. De même que certains champs de bataille présentent des avantages ou des inconvénients aux armées dans lesquelles une certaine spécialité de ressources manque ou domine, de même, tels plans peuvent être réalisables avec des troupes organisées et aguerries, tels conviennent à des armées novices. Il appartient aux hommes de guerre habiles de connaître et d'apprécier les instruments de leurs projets et de proportionner le but à l'effort possible. Il nous a manqué en France un chef de génie, investi des pouvoirs les plus étendus, commandant à toutes les armées, et réglant avec précision leurs tâches et leurs mouvements de manière à être toujours maître de la situation le jour du combat. Il n'était pas sans doute dans les intentions de la Providence de le faire surgir à cette heure. Quelques généraux d'un vrai talent se sont fait un nom

---

[1] Nous avons fait remarquer que la veille et le lendemain de Villersexel, plusieurs convois n'avaient pu rejoindre leurs divisions.

dans ces guerres, mais la rapidité des événements a été telle, que lorsqu'ils ont été connus tout s'est trouvé terminé.

Si nous examinons en particulier nos opérations de guerre, quelles conclusions pouvons-nous tirer sur la valeur des résultats obtenus?

Nous commençons par nous battre vigoureusement devant Beaune-la-Rolande, et même par remporter, à Juranville, un brillant avantage. Le lendemain nous abandonnons les positions si chèrement conquises par nos troupes, et nous nous retirons laissant ainsi notre attaque incomplète et notre manœuvre inachevée.

Nous marchons ensuite au secours de l'armée du général d'Aurelles. Nous arrivons au moment où elle vient d'être écrasée, où tout est fini, et nous avons à peine le temps de nous sauver nous-mêmes en toute hâte.

Plus tard nous sommes dirigés vers l'Est, c'est-à-dire, vers la région la plus froide de France, au milieu de l'hiver le plus rigoureux qu'il y ait eu depuis bien des années. Nous rencontrons un ennemi largement pourvu de ce qui lui est nécessaire après plusieurs mois de séjour dans un pays dévasté pour ses besoins [1]. Nos colonnes composées de soldats bien armés mais mal équipés attaquent une première fois à Villersexel, ces troupes en parfait état et les battent. Succès véritable! Mais enfin arrive le moment critique, celui que toutes les prévisions possibles devaient signaler depuis longtemps. Nous trouvons les Prussiens, moins nombreux que nous, il est vrai, mais retranchés dans de fortes lignes naturelles défendues par des batteries de position. Ainsi devait-il en être forcément dans le pays de montagnes où nous avions été choisir notre champ de bataille. Nous apprenons alors l'arrivée de Manteuffel menaçant nos communications. Les chefs considérant ces positions comme inexpugnables, après toutefois en avoir tenté l'assaut, donnent l'ordre de la retraite, et nous rétrogradons sur Besançon.

De Besançon, au lieu de marcher sur Auxonne, pour combattre Manteuffel, ce qui paraissait le parti le plus naturel, nous préférons nous jeter dans les montagnes.

---

[1] Les soldats prussiens ne manquaient de rien. Leur apparence physique respirait la santé. Ils étaient très-bien chaussés. Ils avaient même deux chemises de flanelle, superposées sur le corps.

De là encore l'armée française aurait pu se tirer par une fuite rapide, et au prix de grandes souffrances. Mais une fatale méprise sur les termes de l'armistice vient au dernier moment nous abuser, porter le dernier coup au moral des hommes et faire perdre aux chefs un temps précieux en manœuvres inutiles.

Enfin pour éviter une captivité que la désorganisation de nos troupes par les fatigues et la retraite rendait alors inévitable, nous acceptons une neutralisation, comme une ressource inespérée.

En somme, sauf la bataille de Villersexel, au milieu d'honorables et même de glorieux combats partiels, où se sont distinguées certaines troupes, notamment notre 18e corps, il est difficile de rencontrer dans l'histoire militaire une plus complète série d'insuccès et de revers.

Quelles que soient les erreurs et les fautes stratégiques du commandement, la tactique et la valeur des troupes peuvent les racheter sur le champ de bataille. Ainsi a-t-on vu souvent réussir de mauvais plans de campagne malgré leurs vices.

Devons-nous, d'abord, attribuer nos échecs à une manière de combattre spéciale et supérieure, en usage chez nos ennemis, ou à quelque moyen de guerre décisif, pratiqué et praticable par eux seuls et à leur profit exclusif? Dans notre campagne de l'Est, la manière de combattre a été la même des deux côtés. Les deux peuples ont employé de la même façon les trois armes. Nous avons pris, perdu, repris des villages, défendu des défilés. Nous avons vu les Prussiens attaquer et se défendre en prenant les mêmes dispositions que nous. Leur artillerie de campagne, très-comparable à la nôtre, et ne tirant pas mieux, était placée de la même manière par rapport aux lieux et aux troupes. Comme la nôtre, leur cavalerie ne servait qu'à éclairer.

Ils ne se sont servis contre nous que de deux moyens de guerre qui leur aient été propres : les attaques de nuit, et les pièces de position.

Les attaques de nuit ne sont possibles qu'avec des troupes bien disciplinées. Nous n'en avons jamais essayé. Du côté de l'ennemi, ces attaques ne leur ont procuré que des succès de courte durée, quand toutefois elles n'ont pas échoué[1].

[1] Ils ont attaqué la nuit, les généraux, Pilatrie le 9 janvier dans Marat, Cremer le 15 à Étang-Guédon, Penhoat le 16 dans Chenebier. (Voir le récit.)

Quant aux batteries de position, abritées par des épaulements, et formées de pièces de gros calibre et de grande portée, employées pour défendre la ligne de la Lizaigne, leur influence a été considérable, peut-être même décisive sur le parti de la retraite, pris devant Héricourt, Montbéliard, et le mont Vaudois. Si toutefois on considère combien peu meurtrière est l'artillerie, et combien son effet est surtout un effet moral, il semble que des tirailleurs décidés puissent facilement en venir à bout. L'histoire militaire est remplie d'exemples où l'on voit des positions formidables enlevées par de l'infanterie, soit à la faveur de la nuit, du brouillard, d'une surprise ou de toute autre cause de succès, soit même simplement au prix de grands sacrifices.

De notre côté, nous avions, en compensation, deux avantages de même nature, mais d'une autre espèce : un fusil meilleur pour l'infanterie, et des mitrailleuses. Il est vrai qu'on s'est très-peu servi de ces dernières.

L'opinion publique reste après tout en droit de se demander comment il se fait, qu'en présence d'un plan d'ensemble, mauvais à mon avis pour sauver la France, mais très-acceptable en ce qui concernait notre armée, à la condition de vaincre à Héricourt; en présence de moyens de guerre équivalents des deux côtés, ayant du nôtre la supériorité du nombre, nos 120,000 hommes n'ont pas inspiré à leurs chefs une confiance suffisante pour les décider à prendre, dans tous les cas où l'alternative s'est présentée, le parti le plus énergique au lieu de prendre toujours le parti qui l'était le moins.

Je me bornerais pour lui répondre à examiner et à apprécier les divers éléments qui composaient un corps d'armée tel que le 18e, en rappelant qu'il était probablement un des meilleurs de l'époque.

Je ne parlerai plus du général distingué qui l'a commandé avec tant de vigueur, d'habileté et de science de la guerre, je passerai sous silence les officiers de l'état-major général, mes camarades, officiers d'élite, animés d'un dévouement sans borne à leurs devoirs, et dont l'intelligence et l'activité ont, de l'aveu de tous, maintenu constamment autour d'eux la confiance et l'ardeur.

Parmi les divisionnaires, les brigadiers et les officiers supérieurs des états-majors spéciaux, on remarquait dans la valeur de ces chefs militaires les plus grandes inégalités.

Notre infanterie se composait de trois sortes de troupes : les régiments de ligne, les régiments de marche et les mobiles. Nous n'avions point de gardes nationaux mobilisés. Les régiments de ligne, ou régiments d'anciens soldats, avec des cadres au complet, étaient sans contredit excellents : tels étaient le 92e de ligne et les bataillons d'Afrique. Les régiments de marche formés en grande partie de jeunes soldats, avaient de très-bons cadres supérieurs, mais des cadres inférieurs des plus médiocres. Les officiers supérieurs étaient des capitaines distingués de l'ancienne armée, auxquels on avait donné immédiatement de l'avancement. Quant aux officiers subalternes et aux sous-officiers, beaucoup étaient le produit prématuré des événements. On remarquait dans leurs rangs ou de très jeunes gens, encore sans instruction militaire et sans expérience, ou des satisfaits, c'est-à-dire des hommes sans valeur qui, arrivés par la force des choses à un grade supérieur à leur capacité, manquaient d'ardeur, d'émulation et ne demandaient déjà que du repos. Tel était le caractère de l'ensemble au milieu duquel on apercevait naturellement des exceptions à la règle. Quelques jeunes colonels d'un grand mérite soutenaient principalement le moral de ces troupes et y maintenaient la discipline. Dans les corps de mobiles, on remarquait les mêmes défauts que dans les régiments de marche, mais une insuffisance plus grande encore, surtout dans les sous-officiers. Dans les cadres d'officiers, il se rencontrait bien çà et là quelques hommes ayant déjà servi, et renoncé jadis à une carrière militaire en bonne voie, ou bien des jeunes gens pleins de dévouement et parfaitement doués pour devenir de bons militaires. Mais ils étaient en général très-isolés. Pouvait-il en être autrement de troupes aussi rapidement levées et aussi sommairement exercées? Les deux régiments qui ont été le plus engagés, le 19e et le 73e, se sont toujours très-honorablement conduits. Mais on n'aurait pu compter sur eux pour une opération un peu difficile. Or, la mobile formait environ la moitié de notre infanterie. En résumé, si de nos régiments de marche ou de mobile on eût retranché une soixantaine d'officiers

6

échelonnés depuis le grade de capitaine, jusqu'à celui de colonel, et autant de sous-officiers, personnel provenant de l'ancienne armée, le reste eût formé une masse presque sans consistance.

L'artillerie de campagne, aussi nombreuse que celle des Prussiens, a toujours tiré aussi bien que la leur, dans toutes les circonstances où je l'ai vue à l'œuvre. Mais elle n'a pu résister aux batteries de position établies sur le mont Vaudois.

Notre cavalerie, composée de quatre régiments, était employée par le général Billot tout à fait à la prussienne. Elle ne paraissait pas habituellement sur le champ de bataille, bien qu'un escadron de lanciers ait à Juranville enlevé un village défendu par de l'infanterie. Elle servait à éclairer nos flancs et notre front, et formait un corps excellent, sous la direction du général de division qui la commandait, et de son habile chef d'état-major, qui en tiraient le meilleur parti possible. Les officiers de peloton remplissaient avec intelligence et activité ces missions difficiles, où ils avaient non-seulement à reconnaître les mouvements apparents de l'ennemi, mais encore à pénétrer, au moyen d'espions civils, la direction de ses mouvements cachés. Grâce aux services de ces officiers éclaireurs, nous étions en général bien renseignés.

Quant au génie militaire, sauf pour quelques travaux faciles que la marche des armées exige toujours, une guerre offensive en rase campagne offre peu d'occasions de l'employer. Ces travaux ont toujours été exécutés avec rapidité. Les commandants et capitaines étaient presque tous des militaires, circonstance assez rare à cette époque, dans une arme où l'élément auxiliaire s'introduisait naturellement à haute dose comme dans l'état-major. Quelques officiers du génie ont rendu de très-grands services au corps d'armée, en y remplissant des fonctions d'état-major.

Le génie civil, corps de création nouvelle, composé d'ingénieurs commandant à des ouvriers, a partagé avec le génie militaire la tâche de faire exécuter certains travaux, épaulements de batteries, destruction ou rétablissement de ponts, réparation des routes. Il était utilisé en même temps à réunir, en les recherchant auprès des agents voyers locaux, les renseignements topographiques nécessaires aux mouvements du corps d'armée. Ce corps improvisé a rendu de réels services, mais ses fonctions, sauf le côté purement militaire, n'étaient pas distinctes de celles de l'état-major ou du génie.

Quant à l'intendance, elle est de tous les corps de notre armée le plus attaqué par l'opinion. A la juger d'après ses œuvres, elle mérite absolument tous les reproches. Rarement on a pu voir des armées d'un aspect aussi délabré et qui aient autant souffert. Mais en appréciant les difficultés des circonstances, on incline à plus de justice envers elle. Son outillage était détestable. Les convois n'étaient pas formés par des voitures spéciales, conduites par des soldats disciplinés. Ce matériel et ce personnel n'existaient plus. Il avait fallu recourir à des voitures de réquisition, conduites par leurs propriétaires ou leurs domestiques. Ces charrettes n'ayant qu'un petit volume de chargement étaient en grand nombre, ce qui rendait les trains très-longs et très-encombrants pour les routes. D'un autre côté les chevaux, éprouvés par la rigueur du froid et mal ferrés, puisque notre cavalerie elle-même ne l'était pas mieux, s'abattaient à chaque instant sur le verglas des chemins. Il était donc difficile de donner à ces convois une allure bien régulière. L'indiscipline des soldats augmentait encore les difficultés. Les traînards laissés en arrière, absents au moment de la distribution, ne touchaient pas leurs vivres, et se plaignaient alors de n'en point recevoir. On ne pouvait obliger les troupes, qui doivent porter avec elles quatre jours de vivres, à consommer ces provisions régulièrement. Le quatrième jour, elles se trouvaient au dépourvu.

Quelles qu'aient été les fautes et les négligences de ce corps, les torts ne sont donc pas tous de son côté. Beaucoup d'intendants m'ont paru actifs, et certains même ingénieux à se procurer des ressources. Les officiers de troupe étaient bien, il est vrai, obligés de prendre pour la subsistance de leurs hommes, plus de peine que leur propre métier militaire ne l'aurait comporté; mais qui, dans des armées pareilles, n'était pas obligé de faire plus que son devoir ? En réalité, les troupes commandées par des chefs dévoués et marchant compactes, ont rarement manqué de vivres, pas plus dans notre corps d'armée que dans tout autre de l'époque. Assurément, il peut y avoir des systèmes meilleurs que celui de l'intendance militaire pour l'approvisionnement des armées, mais, dans la nôtre, on ne peut lui reprocher d'avoir été la cause principale de nos désastres.

Tel était donc ce corps d'armée, image de toutes les troupes de l'époque, renfermant de très-bons éléments, mais en somme incomplétement organisé et insuffisamment pourvu de cadres. Ceux qui n'ont pas su vaincre avec de pareilles troupes sont excusables ; ceux qui les ont fait honorablement combattre sont dignes d'éloges ; ceux qui eussent sauvé la France auraient été des hommes de génie. Nos 30,000 hommes n'étaient pas 30,000 soldats ; les 120,000 hommes de l'armée de l'Est n'étaient pas 120,000 soldats. Il y avait bien de très-bons régiments, mais ils étaient rares ; on les mettait toujours en avant, et les autres ne donnaient presque jamais. Il y avait aussi, dans des corps médiocres, des individus d'une qualité militaire excellente. Mais le pays ne doit pas avoir d'illusions à cet égard. Pareilles aux épreuves de moins en moins distinctes qu'un imprimeur tire de ses plaques, les armées que nous mettions en ligne se raréfiaient de plus en plus en principes exercés et résistants, bien qu'elles pussent conserver pour le public la même apparence, et la même forme extérieure. L'armée de Sedan ne valait pas celle de Reichshoffen. La nôtre ne valait pas celle de Sedan. On se demande en vérité ce que pouvaient bien être ces corps formés beaucoup plus tard, au moment de l'armistice.

En définitive, on voit que les torts n'étaient tout entiers ni à la direction, ni à la troupe, ni à l'intendance. Malheureusement, quand ces éléments sont tous les trois inférieurs ou fautifs, ils s'influencent assez les uns les autres pour rendre difficile toute attribution bien nette et tout partage exact de responsabilité.

Le temps nous a manqué. Avec le temps, ces troupes sans solidité et sans cohésion, formées par les mêmes hommes et encadrées par les mêmes officiers, se seraient peu à peu endurcies à la fatigue, habituées au danger, façonnées à la discipline, et pénétrées du sentiment de la solidarité militaire. Les occasions auraient révélé, sans doute, des hommes de mérite, auxquels il ne manquait au début que l'éducation morale et technique de l'homme de guerre. Certains éléments médiocres seraient devenus meilleurs, ou auraient été éliminés du commandement. La matière était bonne, mais la préparation

manquait, car les soldats de l'armée de Versailles n'étaient en grande
partie que ces mêmes soldats. Les Américains du Nord n'avaient au
commencement de la guerre que des citoyens armés à opposer aux
confédérés du Sud, mieux organisés et possédant quelques cadres. Le
temps et le cours de la guerre ont peu à peu transformé en soldats
ces hommes armés, et il s'est définitivement, de part et d'autre, con-
stitué, après deux ou trois ans de lutte, des corps réguliers capables
de combattre en laissant sur le champ de bataille jusqu'à quinze pour
cent de leur effectif, preuve incontestable de la solidité de ces
troupes.

Devons-nous désespérer de vaincre les Prussiens? et les désastres
que nous avons éprouvés sont-ils l'indice d'une décadence militaire définitive? tel n'est pas mon avis, et en voici les raisons.

Détournons les yeux des campagnes de la seconde époque,
pour les reporter au début de la guerre, et au commencement des hostilités. Les opérations des armées qui ont combattu
depuis la chute de Metz ne nous fournissent que des enseignements
relatifs. Là où l'organisation est absente, le succès est difficile. Nous
devons surtout trouver dans les événements de cette période la con-
damnation des théories qui prétendent se passer de cette organisation nécessaire et se suffire avec le patriotisme.

Quand les Prussiens nous ont attaqués, nous avons été surpris,
non-seulement par l'arrivée subite de l'ennemi, alors que nos ressources militaires disponibles et organisées à cette époque n'étaient
pas réunies de manière à présenter toute la résistance dont elles
étaient capables, mais nous avons été surpris aussi par une manière
nouvelle de combattre inaugurée par les Allemands.

Tous les grands capitaines de l'histoire ont vaincu leurs ennemis
au moyen de procédés ou de systèmes nouveaux, dont ils étaient les
créateurs, et qu'ils appliquaient les premiers.

Ainsi Condé avait inauguré la méthode de livrer bataille loin des
places fortes ; Turenne avait imaginé les grands mouvements et les
marches hardies ; le grand Frédéric avait le premier su adapter les
diverses armes aux terrains et changé aussi leur proportion relative.
Enfin Napoléon était venu mettre en mouvement de plus grandes

masses, les appuyer par une plus forte artillerie, faire des connaissances géographiques la base de ses conceptions stratégiques, et
joignant à l'art des grands mouvements celui de choisir merveilleusement le terrain de chaque combat, frapper à l'aide de fortes réserves
inconnues avant lui ces coups décisifs qui renversaient les empires
et ébranlaient le monde[1].

De nos jours, les Prussiens me paraissent avoir inauguré l'emploi
de masses énormes, résultat de l'armement de peuples entiers,
l'usage des armes à tir rapide, celui d'une artillerie formidable
pourvue de la plus grande légèreté et tirant avec la plus grande précision, le combat à distance, la suppression de la cavalerie comme
force sur le champ de bataille, son utilisation pour observer les
mouvements de l'ennemi et masquer les siens propres, enfin la plus
complète application qui ait été faite de nos jours aux opérations de
la guerre des données de diverses sciences, telles que la géographie
et la connaissance des langues, comme aussi des chemins de fer, de
la télégraphie et de toutes les ressources industrielles.

Sous l'influence de ces idées nouvelles, dont la mise en pratique a
été facilitée par une organisation parfaite et une grande perfection
dans les détails, la Prusse tout entière est devenue une vaste ma-
chine de guerre, pourvue de rouages marchant avec une merveil-
leuse précision, servie par un état-major actif et savant, et dirigée
par un général de la plus grande habileté, Moltke.

Nous avons été les victimes d'un choc soudainement intervenu
entre des novateurs et des arriérés. Mais n'oublions pas que la base
des armées est l'infanterie. Les diverses armes spéciales ne font
jamais que préparer son action. C'est elle qui doit toujours porter le
coup décisif. A moins d'une supériorité très-marquée dans les autres
armes, surtout dans l'artillerie, supériorité impossible à réaliser,
par une seule nation, à son propre profit, et à l'insu des autres, avec
le degré de civilisation à peu près uniforme répandu en Europe, à
égalité de nombre et de manœuvre, la victoire finira par rester à la
meilleure infanterie. Or l'infanterie des Prussiens est ce que leur armée a de moins bon. On alléguera sans doute l'infériorité du fusil

---

[1] Voir l'*Histoire du Consulat et de l'Empire*, dernier volume.

Dreyse sur le Chassepot. Il n'en est pas moins vrai que toutes les fois que cette infanterie est découverte et abordée avec élan, soit à la baïonnette, soit même par des tirailleurs, elle tient mal. Dans les régiments de ligne de nos premières armées, nos troupes paraissaient pouvoir accepter le combat avec avantage à deux contre trois. Dans nos meilleurs régiments de marche, où le soldat était jeune et mal encadré, il m'a paru y avoir équivalence d'homme à homme avec les régiments prussiens. Nous devons donc demeurer convaincus que les qualités naturelles du Français le préparent mieux que celles de l'Allemand à devenir, avec de l'éducation et une forte discipline, un soldat hardi et irrésistible.

Cette conviction doit demeurer la base de notre confiance. Il dépend de nous de devenir plus forts que les Allemands. La tâche est commencée, et nous avons déjà reconstitué une petite mais bonne armée. Il faut de plus relever en France l'esprit militaire par quelques réformes d'organisation spéciale, mais aussi et surtout en étendant à tous l'obligation de servir, et en donnant à l'éducation de la jeunesse une impulsion différente. D'immenses ressources morales existent parmi nous. Un corps d'institutions militaires, sérieusement conçues et fermement appliquées peut seul donner le moyen d'en tirer parti. Ce ne sont pas les vanteries ineptes et les illusions qui peuvent nous sauver. Le peuple qui remporte la victoire est celui qui la désire le plus énergiquement et s'y prépare le mieux ; nous venons de l'apprendre. Le sceptre de la force a successivement passé dans l'histoire à des nations différentes, suivant leurs efforts et leurs mérites. Nous l'avons tenu dans nos mains et nous devons le reconquérir.

Le danger est visible. Si nous ne redevenons ces hommes forts et bien armés qui gardent leurs maisons, dont parle l'Écriture, l'Allemagne connaîtra bien vite notre faiblesse, et viendra nous rançonner et nous démembrer de nouveau. Le souci de notre propre conservation doit devenir notre préoccupation principale, situation bien nouvelle pour des Français ! Le devoir de rapatrier dans un avenir plus ou moins éloigné nos vieilles provinces perdues n'a-t-il pas d'ailleurs fait fuir bien loin de nous ces rêves si longtemps caressés de paix universelle.

Le coup violent qui nous a frappés présente le caractère d'un châtiment. Qu'il soit au moins une leçon ! La France se relèvera et reverra des jours meilleurs. Dieu veuille qu'ils soient prochains ! N'oublions pas que, de toutes les nations de l'Europe, elle est celle qui dans le passé ancien ou moderne a essuyé les plus grandes défaites de l'histoire, Crécy, Poitiers, Azincourt, Pavie, Rossbach, Waterloo. Elle n'en était pas moins devenue telle que nous l'avons tous connue et, grâce à sa population intelligente et généreuse, à l'esprit d'initiative de sa race, elle était restée la nation du monde la plus redoutable dans la lutte. Ces vicissitudes de la fortune semblent former la loi constante de sa destinée. Nous devons donc espérer, mais surtout agir.

PARIS. — IMP. SIMON RAÇON ET COMP., RUE D'ERFURTH, 1.

www.ingramcontent.com/pod-product-compliance
Lightning Source LLC
Chambersburg PA
CBHW070904280326
41934CB00008B/1572